职业教育国际化发展研究

赵迎春 著

北京交通大学出版社

·北京·

内 容 简 介

全书共七章，系统探讨了职业教育国际化的多元维度与内涵。开篇阐述其概念内涵、实践形式、发展历程及发展动因，构建知识框架。随后剖析我国职业教育国际化发展现状，借鉴西方经验，预测未来趋势。书中详细论述了高质量发展路径与创新模式，重点研究国际化品牌，结合湖南实践经验，总结服务本地经济的成效。内涵发展因子研究部分探讨发展理念革新、师资队伍国际化、课程体系优化、教学资源共享及人才培养体系等影响因素。路径研究和创新发展部分阐述高质量发展的意蕴内涵、关键表征与难题破解，提出实施路径，探讨创新模式与技术赋能的推动作用。最后聚焦国际化品牌，介绍高水平国际化学校及其影响力，为其他学校提供借鉴。全书以职业教育国际化为主题，通过系统的分析与深入的研究，为读者呈现了一个全面、深入且实用的知识体系。

本书适合外国语言学及应用语言学、职业教育国际化研究及科研人员阅读参考。

图书在版编目（CIP）数据

职业教育国际化发展研究 / 赵迎春著. -- 北京：北京交通大学出版社，2025. 6. -- ISBN 978-7-5121-5575-6

Ⅰ. G719.2

中国国家版本馆 CIP 数据核字第 2025EY7611 号

职业教育国际化发展研究
ZHIYE JIAOYU GUOJIHUA FAZHAN YANJIU

策划编辑：张　亮
责任编辑：陈跃琴
出版发行：北京交通大学出版社　　电话：010-51686414　　http://www.bjtup.com.cn
地　　址：北京市海淀区高梁桥斜街 44 号　　邮编：100044
印 刷 者：北京华宇信诺印刷有限公司
经　　销：全国新华书店
开　　本：185 mm×260 mm　　印张：9.5　　字数：234 千字
版 印 次：2025 年 6 月第 1 版　　2025 年 6 月第 1 次印刷
定　　价：48.00 元

本书如有质量问题，请向北京交通大学出版社质监组反映。对您的意见和批评，我们表示欢迎和感谢。
投诉电话：010-51686043，51686008；传真：010-62225406；E-mail：press@bjtu.edu.cn。

前　言

在全球化浪潮席卷世界的今天，教育国际化已成为各国提升教育质量、增强综合国力的重要战略举措。职业教育作为教育体系中的关键一环，其国际化发展对于推动经济增长、提升国家竞争力具有不可替代的作用。2018年9月10日，习近平总书记在全国教育大会上指出："推进教育现代化，要坚持对外开放不动摇，加强同世界各国的互容、互鉴、互通。"2023年5月，习近平总书记在中共中央政治局第五次集体学习时强调："要完善教育对外开放战略策略，统筹做好'引进来'和'走出去'两篇大文章，有效利用世界一流教育资源和创新要素，使我国成为具有强大影响力的世界重要教育中心。要积极参与全球教育治理，大力推进'留学中国'品牌建设，讲好中国故事、传播中国经验、发出中国声音，增强我国教育的国际影响力和话语权。"2024年7月，党的二十届三中全会提出："推进高水平教育开放，鼓励国外高水平理工类大学来华合作办学。"2024年9月9日至10日，全国教育大会在北京召开，习近平总书记在会上强调："要深入推动教育对外开放，统筹'引进来'和'走出去'，不断提升我国教育的国际影响力、竞争力和话语权。扩大国际学术交流和教育科研合作，积极参与全球教育治理，为推动全球教育事业发展贡献更多中国力量。"

上述政策精神为职业教育国际化发展指明了方向，职业教育国际化不仅是教育领域的开放与交流，更是国家发展战略的重要组成部分。在经济全球化和教育国际化的背景下，职业教育的国际化发展对于培养具有国际视野和竞争力的高素质技术技能人才、推动产业升级和创新发展、增强国家的经济实力和国际竞争力具有深远的战略意义。

本书以系统研究职业教育国际化发展为宗旨，深入探讨职业教育国际化的概念内涵、实践形式、发展历程及动因等基本理论问题，全面分析职业教育国际化的发展现状及趋势，深入剖析其内涵发展因子，提出高质量发展路径及创新发展方式，旨在打造职业教育国际化品牌，服务地方经济发展，为职业教育国际化实践提供理论支撑和实践指导。本书从宏观政策到微观实践，从顶层设计到地方实施，从理论研究到实践应用，构建了一个全面、系统的分析框架，为职业教育国际化改革与发展提供了全方位的理论支持和实践参考。

全书共分七章。第一章"职业教育国际化发展概述"，全面而深入地分析了我国职业教育国际化的概念内涵、实践形式、发展历程和发展动因。第二章"职业教育国际化发展现状及发展趋势"，分析了西方职业教育国际化发展的经验，探讨其对我国职业教育国际化政策的启示和借鉴作用，指出我国职业教育国际化进程中存在的问题，并展望未来的发展趋势。第三章"职业教育国际化内涵发展因子研究"，深入剖析影响职业教育国际化发展的核心因子，涉及发展理念与发展机制、师资队伍建设、课程体系、教学资源、人才培养体系等方面。第四章"职业教育国际化高质量发展路径研究"，分析了职业教育国际化高质量发展的意蕴、内涵及关键表征，探讨了现实之难与破解之道，并提出了实施路径。第五章"职业教育国际化创新发展研究"，探索职业教育国际化创新发展的路径，重点讨论"在地国际化"模式创新和数字赋能技术创新。第六章"职业教育国际化品牌发展研究"，探讨中国特色职业教育国际化品牌的构建与国际影响力的提升策略，并以"鲁班工坊"为例，总结其成功经验。第七章"职业教育国际化服务地方经济发展研究——基于湖南样本视角"，分析湖南省职业教育国际化发展的机遇与挑战，提出应对策略及实施路径，并总结湖南实践样本。

在研究方法上，本书采用了文献分析、案例研究、比较分析等多种方法，力求全面、深入地揭示职业教育国际化的内在规律和特点。本书在研究视角、内容安排和案例分析等方面具有一定的创新，为职业教育国际化研究提供了新的思路和方向。为了更加直观地展示职业教育国际化的实践成果，本书精选了多个国内外成功的职业教育国际化案例，包括国际合作办学、师资交流、学生互换、课程与教学资源共享等方面的实践探索，这些案例可为其他职业院校提供可借鉴的经验和启示。

总之，《职业教育国际化发展研究》一书是对职业教育国际化领域的一次深入探索和全面总结，读者能够从中全面了解职业教育国际化的现状、面临的挑战和未来发展趋势，为职业教育的国际化发展提供有益的参考和借鉴。

本书的顺利出版离不开长沙航空职业技术学院的鼎力支持与悉心协助，尤其是国际交流中心的全体同仁，他们在资料收集、案例研究及实证调研等方面提供了无私的帮助与宝贵指导，对此深表感谢，并致以最诚挚的谢意。同时，由于学术研究的复杂性与笔者自身视野的局限性，书中难免存在疏漏与不足之处，特诚挚地邀请广大读者不吝赐教，提出宝贵的意见与建议，以期在未来的研究与修订中不断完善，共同推动职业教育国际化领域的学术进步与实践发展。

编　者

2025 年 3 月

目　录

第一章　职业教育国际化发展概述 ··· 1

　　第一节　职业教育国际化概念内涵 ··· 1

　　第二节　职业教育国际化发展实践形式 ·· 4

　　第三节　我国职业教育国际化发展历程 ·· 9

　　第四节　我国职业教育国际化发展动因 ··· 12

第二章　职业教育国际化发展现状及发展趋势 ·· 15

　　第一节　西方职业教育国际化发展先进经验借鉴 ··· 15

　　第二节　我国职业教育国际化发展现状及问题 ·· 28

　　第三节　职业教育国际化趋势及对我国的启示 ·· 33

第三章　职业教育国际化内涵发展因子研究 ··· 37

　　第一节　职业教育国际化发展理念及机制研究 ·· 37

　　第二节　职业教育国际化师资队伍建设研究 ··· 47

　　第三节　职业教育国际化课程体系研究 ··· 59

　　第四节　具有国际影响力的国际化教学资源 ··· 64

　　第五节　国际化技术技能人才培养体系研究 ··· 68

第四章　职业教育国际化高质量发展路径研究 ·· 73

　　第一节　职业教育国际化高质量发展的意蕴、内涵及关键表征 ·································· 73

第二节　职业教育国际化高质量发展的现实之难与破解之道 ············ 79

第三节　职业教育国际化高质量发展实施路径

　　　　——以湖南职业教育国际化发展为例 ··············· 83

第五章　职业教育国际化创新发展研究 ················· 87

第一节　在地国际化——职业教育国际化发展创新模式研究 ········ 87

第二节　数字化赋能——职业教育国际化发展研究 ············ 96

第六章　职业教育国际化品牌发展研究 ················ 104

第一节　中国特色职业教育国际化品牌发展研究 ············ 104

第二节　职业教育国际化发展国际影响力研究 ············· 110

第三节　典型品牌案例研究——鲁班工坊 ··············· 116

第七章　职业教育国际化服务地方经济发展研究——基于湖南样本视角 ·· 121

第一节　职业教育国际化发展面临的机遇与挑战 ············ 121

第二节　职业教育国际化发展策略与实施路径 ············· 125

第三节　职业教育国际化服务地方经济发展——湖南样本视角 ····· 132

参考文献 ···························· 137

后记 ···························· 140

第一章

职业教育国际化发展概述

第一节 职业教育国际化概念内涵

一、教育国际化

（一）教育国际化内涵

教育国际化是多维度、综合性的概念，涵盖跨国交流、资源共享、人才培养、本土与国际融合、教育创新、质量提升、社会职能演化及发展水平衡量等方面。它不仅是教育资源的国际配置，也体现在教育目标、内容和方法的国际取向与创新，旨在优化全球教育资源配置，培养具有全球视野和竞争力的人才，推动人类文明进步。

教育国际化包括各级院校围绕国际化人才培养目标开展的交流与合作活动，具体表现为中外合作办学、境外办学、留学生教育、国际化教育资源开发、国际化师资培养等，形式上体现为"引进来"与"走出去"。从层次上分为高等教育国际化、职业教育国际化和基础教育国际化。教育国际化是院校提升教学质量、扩大国际影响力、树立良好声誉的内在要求，而高职教育在国际化内涵、发展途径和策略上具有独特性，与基础教育和学术型教育存在一定差异。

（二）教育国际化三层次

教育国际化分为高等教育国际化、职业教育国际化和基础教育国际化 3 个层次，它们各具特点，相互关联，共同推动教育的国际化进程。

1. 高等教育国际化

（1）定义与特点：高等教育国际化是高等教育机构面向世界的发展趋势，通过国际交流与合作，提升教育质量与国际竞争力，培养具有全球视野、跨文化交流能力和国际竞争力的高素质人才。

（2）主要路径：

① 课程与教学国际化。引进国外优质课程，开发国际合作课程，采用国际化的教学方法

和手段，提高教学质量和效果。

②师资国际化。加强师资队伍的国际化建设，引进国外优秀教师和学者，派遣本校教师到国外学习和交流，提升师资水平。

③学生交流国际化。积极与国外高校开展学生交流项目，鼓励学生参与国际竞赛和实习，拓宽学生的国际视野和经历。

④科研合作国际化。与国外高校和科研机构开展科研合作，共同承担科研项目，提升学校的科研水平和国际影响力。

2. 职业教育国际化

（1）定义与特点：职业教育国际化是职业教育机构通过国际交流与合作，培养适应国际市场需求的高素质技术技能人才的过程，强调将国际先进职教理念和合作成果融入教学、科研与服务。

（2）主要路径：

①专业设置与市场需求对接。根据国际市场需求调整专业设置，开设具有国际竞争力的专业，确保学生所学技能与市场需求紧密结合。

②课程与教学内容国际化。引入国际先进的教育理念和教学方法，结合国际标准开发课程体系和教学内容，注重培养学生的实践能力和创新能力。

③校企合作国际化。与国外企业开展校企合作项目，为学生提供实习和就业机会，同时引进国外企业的先进技术和管理模式，提升学校的实践教学水平。

④国际认证与评估。积极参与国际职业教育认证和评估工作，提升学校的国际认可度和竞争力。

3. 基础教育国际化

（1）定义与特点：基础教育国际化是基础教育阶段教育机构通过国际交流与合作，培养学生的国际视野、跨文化交流能力和全球意识的过程，强调在基础教育阶段注重国际化素养的培养。

（2）主要路径：

①课程与教学内容国际化。在基础教育阶段引入国际课程，如国际文凭课程（international baccalaureate diploma programme，IB）、剑桥国际课程等，同时加强外语教学，培养学生的语言能力。

②国际交流与合作。与国外学校建立友好关系，开展师生交流、教育合作项目等，拓宽学生的国际视野和经历。

③教育理念与方法国际化。借鉴国际先进的教育理念和方法，如探究式学习、项目式学习等，提升基础教育的质量和效果。

④国际教育资源整合。整合国内外优质教育资源，为学生提供更加多元化的学习机会和平台。

二、职业教育国际化概念内涵

职业教育国际化是指在全球背景下，围绕国际化高素质技术技能人才培养目标，与境外国家及地区开展教育交流与合作的活动。其核心在于通过国际合作与交流，提升职业教育质量，培养具有国际视野和跨文化交流能力的人才，增强国际影响力，其基本内涵包括以下七个方面：

（一）国际化理念与目标

职业教育国际化是教育领域的重要趋势，其核心在于树立国际化的理念并将其融入职业教育培养目标。该理念倡导开放、包容、共享，要求职业教育与国际先进职教体系、资源及成果深度融合，推动转型升级。国际化不仅注重知识传播，还致力于构建开放包容的学习环境，让师生体验不同文化背景下的教育模式。其培养目标是与国际标准接轨，培养精通专业技能、具备国际视野、跨文化沟通能力和全球竞争力的复合型人才，重点提升学生的创新能力、实践能力和解决问题的能力。职业教育国际化将助力全球教育资源共享、人才流动与互认，推动经济社会全球化发展。

（二）课程与教学标准

职业教育国际化要求将国际视野和标准深度融入课程与教学体系。职业教育机构需紧跟国际职教趋势，贴合行业需求，优化课程设置，更新教学内容，确保课程的前沿性、实用性和国际性。同时，制定与国际接轨的教学标准，规范教学过程，提升教学质量，使学生掌握国际通用的专业技能和核心知识。此外，通过引入项目式学习、团队合作等国际教学方法和评估体系，培养学生的国际视野、跨文化交流能力和创新思维，为学生提供广阔的学习平台和成长空间。同时，构建开放包容的学习环境，鼓励学生参与国际交流与合作，体验不同文化背景的教育氛围，最终培养出精通专业技能且具备全球竞争力的高素质技能型人才。

（三）师生交流与培养

职业教育国际化通过多元化的师生交流途径，促进与国际先进职教体系的深度融合。主要举措包括：派遣教师赴海外学习交流，引进外籍教师执教，组织学生参与国际交流项目。这些交流活动使师生亲身体验不同文化背景下的教育模式与理念，拓宽视野，增强跨文化沟通能力，激发创新思维和实践能力。同时，还要积极与国际领先职教机构合作，探索创新人才培养模式，致力于培养具备国际竞争力的高素质技能型人才，助力全球化背景下的经济社会发展。

（四）国际交流与合作

职业教育国际化通过深化国际交流与合作，推动职业教育体系全面升级。职业教育机构积极与海外知名职教机构建立合作关系，共同开发课程，开展科研合作，并互派师生进行学术与文化交流。这些合作丰富了教学内容，提升了教学质量，为师生提供了拓宽国际视野和增强跨文化交流能力的机会。同时，国际交流项目（如学生互换、教师研修）成为职业教育国际化的重要组成部分，为师生搭建了了解国际职教动态、学习先进经验的平台。通过这些举措，职业教育能够更好地适应全球化背景下的人才需求，培养具有国际竞争力的高素质技能型人才。

（五）成果认证与转化

职业教育国际化高度重视成果认证与转化，致力于构建全球公认的质量保障体系，实现不同国家和地区职业教育成果的互认与转换。通过与国际职教组织、行业协会及认证机构合作，确保课程、学分和职业资格证书与国际标准接轨，提升毕业生的国际竞争力。此外，成果认证与转化机制促进了跨国教育合作项目的开展，为学生跨国学习与工作提供便利，并推动职业教育与产业界的深度融合，确保人才培养符合国际市场需求，为全球化背景下的经济社会发展注入新活力。

（六）服务海外能力提升

职业教育国际化通过提升服务海外能力，为职业教育机构和学生拓展发展空间。职业教育机构需具备国际化服务意识，主动对接海外市场和行业需求，为海外学习者提供优质、灵活、多样的职业教育服务。同时，学生须具备服务海外市场的能力，如跨文化沟通、国际业务操作及适应不同文化和工作环境的能力。通过加强与国际职教机构、海外企业和行业协会的合作，职业教育机构能够提升服务海外市场的能力，为学生创造更多海外实习、就业和创业机会，加速职业教育国际化进程，增强国际影响力和竞争力。

（七）推动国内职业教育模式变革

职业教育国际化通过引入国际化的课程设置、教学方法和评估体系，推动国内职业教育模式的变革。职业教育机构不仅注重学生专业技能的培养，更强调拓宽学生的国际视野、提高学生的跨文化沟通能力、创新思维、批判性思维和自主学习能力，以适应快速变化的国际环境。同时，鼓励国内学生参与海外实习、学术竞赛和文化交流等国际交流项目，拓宽视野，提升综合素质。这些举措旨在为国内学生提供更高质量、更多元化的教育资源，培养具备国际竞争力的高素质技能型人才，为国家经济社会发展贡献力量。

第二节　职业教育国际化发展实践形式

一、中外合作办学

（一）中外合作班

1. 概念

中外合作班是指中国教育机构与国外教育机构共同合作，在中国境内开设的特殊教育项目。这种合作模式旨在引进国外优质教育资源，结合国内实际情况，为学生提供一种国际化、多元化的教育环境，培养具有国际视野和竞争力的专业人才。中外合作班不仅涵盖了学历教育，还涉及非学历教育和培训项目，为学生提供了更加广泛的学习选择。

2. 合作形式与模式

中外合作班的合作形式主要包括中国高校与国外高校或教育机构直接合作，共同制定培养方案、提供师资和教学资源，部分项目还涉及企业或社会团体参与，提供实习和就业支持。其合作模式多样，常见的有"2+2"（国内学习2年、国外学习2年）或"3+1"（国内学习3年、国外学习1年）的模式，即学生在国内学习一段时间后，前往国外合作学校继续学习，获得双方学校颁发的学历认证书。这些模式为学生提供了灵活的学习路径，兼顾国内教育资源与国际教育体验，满足不同学生的需求。

3. 课程设置、师资与教学资源

中外合作班在课程设置、师资与教学资源方面深度融合国际与本土教育优势。课程设置科学合理，采用国际化课程体系，结合市场需求，注重培养学生的专业技能、国际视野和跨文化沟通能力。教学资源丰富，引进国外优质教材和教学平台，确保学生能够接触到前沿的学术知识和实践案例。师资队伍由中方和外方教师共同组成，中方教师具备国际化教学背景，外方教师带来原汁原味的国际教学理念和方法，双方协作，提升教学质量，为学生提供高质量的国际化教育体验。

4. 学生交流与合作机会

中外合作班为学生提供了更多的国际交流和合作机会。学生可以通过参加国际会议、交换生项目、国际实习等方式，拓宽国际视野，增强跨文化交流能力。同时，学生还可以结交来自不同国家的朋友，建立国际人脉关系，为未来的职业发展打下基础。

5. 学历与认证情况

中外合作班的学历认证情况因具体项目而异。一般来说，经过教育部批准的中外合作班项目，学生在完成学业后可以获得双方学校颁发的学历证书和学位证书。这些证书在国内外均享有较高的认可度，为学生的升学和就业提供了有力的支持。

6. 目的与意义

开办中外合作班的目的在于通过引进国外优质教学资源，提高国内教育水平，培养具有国际视野和竞争力的人才。这种合作模式有助于推动教育的国际化和多元化发展，促进中外教育交流与合作。同时，对于学生来说，参加中外合作班可以拓宽视野，提高综合素质和就业竞争力。

7. 注意事项与选择

在选择中外合作班时，学生需要注意以下几点：首先，要了解合作项目的具体情况，包括合作学校、课程设置、教学模式等；其次，要考虑自己的兴趣和职业规划，选择适合自己的合作项目；最后，要关注合作项目的认证和学历情况，确保所获得的学历和学位在国内外具有一定认可度。

（二）中外联合办学

1. 概念

中外联合办学是指中外教育机构按照平等互利的原则，在学科、专业、课程等方面开展的合作办学活动。其形式多种多样，包括合作举办学历教育项目和非学历教育项目，如联合培养本科生、研究生，开展短期访学、学术交流等。这些合作形式旨在实现教育资源的优化配置和共享，提高教育教学质量和国际化水平。

2. 目的与宗旨

中外联合办学的目的与宗旨在于促进国内外教育资源的整合与共享，推进教育国际化进程。通过引进国外先进的教育理念、教学方法和优质课程资源，提升国内教育的创新能力和国际竞争力。同时，中外联合办学也有助于培养学生的跨文化交流能力、全球视野和国际合作精神，为他们的未来发展奠定坚实基础。

3. 教学内容特色

中外联合办学的教学内容具有鲜明的特色。一方面，注重引进国外先进的学科知识和理论体系，使学生了解并掌握国际前沿的学术动态和技术发展。另一方面，强调跨文化交流和国际合作能力的培养，通过设置国际化课程和实践环节，提升学生的语言沟通能力和跨文化适应能力。此外，中外联合办学还注重实践教学和产学研结合，为学生提供更多的实践机会和职业发展路径。

4. 联合办学形式

中外联合办学的形式多种多样，包括共建学院、共设专业、合作课程等。共建学院是中外双方共同出资、共同管理、共享成果的办学形式，具有较高的合作紧密度和资源共享度。共设专业则是中外双方根据市场需求和自身优势，共同设计并开设的专业，旨在培养具有特定技能和国际化视野的人才。合作课程则是中外双方互认学分、互派师资、共同教学的办学模式，有助于实现教育资源的优化配置和教学质量的提升。

5. 政策法规与监管

中外联合办学受到政策法规的规范和监管。各国政府和教育部门都制定了相应的政策法规，对中外联合办学的申请、审批、管理、评估等方面进行了明确规定。这些政策法规旨在确保中外联合办学的合法性、规范性和有效性，保障学生的权益和教学质量。同时，政府部门还会对中外联合办学进行定期的检查和评估，以确保其符合政策法规要求和教育教学质量标准。

（三）境外办学

1. 概念

境外办学指的是我国学校在其他国家境内办学的办学模式。具体而言，这是教育对外开放工作的重要内容，通过高等学校境外办学，能够更好地融入全球化进程，提升我国教育的国际影响力和竞争力。

2. 意义

（1）服务国家战略。境外办学是教育对外开放的重要举措，能够有效服务"一带一路"倡议。通过与"一带一路"共建国家开展教育合作，境外办学不仅促进了中外人文交流，培养了知华友华的国际人才，还推动了"一带一路"共建国家的经济社会发展。这种合作不仅是教育领域的对外拓展，更是国家间战略互信和文化交流的重要桥梁，能显著提升我国教育的国际竞争力和影响力。

（2）培养国际化人才。境外办学通过加强我国高校与国际教育机构的合作，引进国外优质教育资源，显著提升了教育质量和国际化水平，为学生提供了国际化的教育环境和资源，助力培养具备国际视野、跨文化沟通能力和国际竞争力的高素质国际化人才。

（3）促进文化交流。境外办学不仅推动了教育领域的交流，更促进了不同国家和地区之间的文化理解和友好关系。通过教师和学生的互访，境外办学为中外学生提供了深入交流的机会，增进了彼此的理解与友谊，打破了文化隔阂。这种人文交流不仅推动了世界文化的多样性，也为文化的共同繁荣做出了积极贡献。

（4）提升教育服务社会能力。境外办学能够更好地满足海外对华人才的需求，为当地经济社会发展提供有力的人才支持，同时也为国内教育机构提升国际影响力和拓展资源合作创造了更多机遇。

3. 办学形式

境外办学形式在职业教育领域呈现出多样化的特点，主要包括独立办学、中外合作办学，以及通过"鲁班工坊"等特色项目开展技能培训和学历教育。例如，南京工业职业技术大学与柬埔寨柬华理事总会合作共建的柬华应用科技大学已开设 7 个专业，培养了大量双学历本科生。此外，天津职业技术师范大学在埃塞俄比亚共建的联邦职业技术教育与培训学院开设了 22 个本科专业，培养了 5 000 余名毕业生。同时，"鲁班工坊"作为中国职业教育的特色品牌，已在亚欧非三大洲合作建成 30 多个，累计培养近万名学历教育学生，并实施超过 3.1 万人次的职业教育培训。这些形式不仅推动了中国职业教育标准的国际化，也为当地经济社会发展提供了有力的人才支持。

（四）跨国企业联合培养

1. 概念

跨国企业联合培养是指不同国家的企业之间，基于共同的发展目标和人才需求，通过资源整合、信息共享、协同育人等方式，共同开展人才培养活动的一种合作模式。这种培养模式旨在培养具备国际视野、跨文化沟通能力、专业知识和技能的高素质人才，以满足企业在全球化背景下对人才的需求。这种联合培养方式有助于提高学生的实践能力和就业竞争力，有助于推动职业教育与产业界的深度融合，为培养适应国际市场需求的高素质人才提供有力支持。

2. 意义

跨国企业联合培养在职业教育中具有重要意义。在人才培养方面，它为学生提供国际化教育平台，通过校企合作，让学生接触前沿技术和国际标准，培养学生的跨文化沟通能力和全球视野，提升学生的专业技能和国际竞争力，为学生的未来职业发展奠定基础。就教育本身而言，它可以推动职业教育国际化，促进教育资源优化配置，引进先进教学理念和方法，提升教学质量，丰富课程体系，推动教育模式创新，完善职业教育体系。就服务经济社会而言，它能紧密对接企业需求，输送高素质技术技能人才，缓解跨国企业人才短缺问题，促进当地经济发展，推动产业升级和经济转型。

3. 培养形式

跨国企业联合培养在职业教育领域主要通过校企深度合作的形式开展，具体包括"校企双主体"育人模式、共建实践中心、开展国际订单班，以及"中文+职业技能"培训等。例如，陕西工业职业技术学院与日本欧姆龙公司合作，共建教育培训中心，为学生提供真实的企业工作场景，培养学生的职业精神和可持续发展能力。青岛西海岸新区中德应用技术学校则借鉴德国"双元制"模式，联合海尔等企业建立跨区域开放型公共实践中心，形成了"校产园城"同频共振的育人模式。此外，广西机电职业技术学院与歌尔股份有限公司等合作，探索"校—企—校"联合培养模式，为东盟国家培养急需的技术技能人才。这些形式不仅提升了学生的实践能力和国际视野，也为跨国企业提供了精准的人才支持，推动了职业教育的国际化发展。

二、资源引进及输出

（一）国外教育资源引进与借鉴

引进国外教育资源是职业教育国际化的重要实践形式之一。通过引进国外先进的职业教育理念、教学方法、教学资源等，可以丰富职业教育的内涵和形式，提高职业教育的国际化水平。同时，这也有助于国内职业教育机构与国际接轨，提升职业教育的国际竞争力。

（二）合作开发国际课程与教学

合作开发国际课程与教学是职业教育国际化的重要途径。通过与国际顶尖高校、企业及科研机构合作，职业院校能够引进国际先进的课程体系、教学理念和教学资源，提升教学质量。例如，一些院校通过中外合作办学项目，引入国外优质课程和教材，采用双语或全英语教学，结合案例教学、模拟实验等方式优化课程实践环节。同时，借助在线教育平台，如中国大学 MOOC、学堂在线等，职业院校可以整合国内外优质网络课程资源，打造精品双语或外语网络课程，丰富课程体系。此外，通过与跨国企业合作开发课程，职业院校能够更好地对接产业需求，培养适应国际市场需求的高素质技术技能人才。这种合作模式不仅提升了学生的国际视野和实践能力，也为职业教育的国际化发展提供了有力支持。

（三）教学标准国际化评价与认证

教学标准国际化评价与认证是职业教育国际化的重要环节。通过与国际权威认证机构合作，职业院校能够将国际标准融入教学体系，提升教学质量和国际化水平。例如，引入国际通用的职业资格认证体系，如德国"双元制"认证、英国 BTEC 认证等，确保课程内容与国际标准接轨。同时，建立国际化的教学质量评价体系，定期开展教学评估，邀请国际专家参与评审，确保教学质量符合国际标准。此外，通过国际认证的课程和专业，学生可以获得国际认可的职业资格证书，增强其在全球就业市场的竞争力。这种评价与认证机制不仅推进了职业教育的国际化进程，也为学生的职业发展提供了更广阔的空间。

三、师生国际交流学习

（一）教师国际交流学习

教师国际交流学习是职业教育国际化的重要途径。通过派遣教师赴国外学习先进职业教育理念和教学方法，或邀请国外优秀教师来校交流，能够显著提升教师的专业素养和国际视野。同时，加强教师培训，提高其跨文化交流与国际合作能力，也是推动职业教育国际化发展的关键举措。这种交流学习不仅拓宽了教师的国际视野，还为培养国际化人才奠定了坚实基础。

（二）学生国际交流及竞赛

1. 参加国际交流

通过组织学生参加国际交流项目、短期访学、实习实训等活动，可以拓宽学生的国际视野，增强其跨文化沟通能力。同时，与国外职业教育机构建立学生互换机制，可以促进学生的国际化发展。

2. 海外实习基地实习

通过在海外建立实习基地，可以为学生提供更加真实的国际化工作环境和实习机会，帮助他们更好地了解和适应国际职场文化。这种海外实习基地实习有助于增强学生的实践能力和国际化竞争力，为他们的职业发展提供有力支持。

3. 参与国际技能竞赛

通过参加国际技能竞赛，可以展示学生的专业技能和综合素质，增强他们的自信心和竞争力。同时，这种竞赛也有助于推动职业教育的技能教学和培训改革，提升职业教育的国际影响力。

四、跨文化沟通与交流

跨文化沟通与交流是职业教育国际化的基本要求。在全球化背景下，职业教育不仅要传授专业知识和技能，还要培养学生和教师的跨文化沟通交流素养。通过课程设置、国际交流项目及多元文化活动，学生和教师能够接触不同文化背景的人群，学习跨文化沟通技巧，增进文化理解和包容。这种能力不仅有助于学生更好地适应未来的国际职场，也为职业教育机构拓展国际合作奠定了重要基础，推动职业教育的国际化发展。

在国际化实践中，应注重培养学生的跨文化沟通能力，使其能够适应不同文化背景下的工作和生活。同时，加强与国际职业教育同行的沟通与交流，可以推动职业教育的国际化发展。此外，多元文化融合与发展是职业教育国际化的重要特征。在国际化过程中，应注重吸收和借鉴不同文化的优秀元素，促进多元文化的融合与发展，培养学生的全球意识和多元文化素养，为其未来的国际化发展奠定基础。

第三节　我国职业教育国际化发展历程

一、萌芽与起步阶段（1978 年至 20 世纪 90 年代初）

这一阶段是我国职业教育国际化的初级阶段。随着改革开放的推进和全球化趋势的加强，国内逐渐认识到职业教育国际化的重要性，并开始进行基础性探索。职业教育机构初步接触国际职业教育理念和实践，开始研究国外先进经验，为后续发展奠定了基础，但实质性国际合作较为有限。这一时期，职业教育国际化主要由政府主导，具有明显的行政和计划性特点。1978 年，邓小平同志讲话中的"两个不怕"开启了中国教育国际化的进程。1980 年，我国首批 13 所职业大学诞生，随后十年内数量增至 126 所。国际化活动以公派研修留学为主，自费留学和来华留学虽已启动，但受阻较多。

二、政策引导与初步实施阶段（20 世纪 90 年代初至 20 世纪末）

20 世纪 90 年代初，随着对职业教育国际化重要性认识的不断深化，我国政府开始出台一系列政策，引导和推动职业教育国际化发展。这些政策覆盖了合作办学、师资互派、学生交流等多个领域，为职业教育国际化的顺利推进提供了坚实的政策保障。在政策推动下，一些具有前瞻性的职业院校迅速响应，率先与国外教育机构建立合作关系，开展师生互访、联合办学等国际合作活动。这些活动不仅为师生提供了宝贵的国际交流机会，拓宽了国际视野，也标志着我国职业教育国际化迈出了实质性的步伐。

进入 20 世纪 90 年代中后期，职业教育国际化的进程进一步加速，进入深化与固化阶段。更多职业教育机构与国外优质教育机构建立稳定合作关系，引入先进职业教育理念、课程、教材和教学资源。这些国际化的教育资源不仅极大地丰富了我国职业教育的教学内容，还促进了人才培养模式的优化升级，显著提升了职业教育的质量和国际竞争力。此外，国家放宽公派留学条件，增加自主外派留学人员权利，使更多职业院校师生有机会走出国门，学习国外先进经验。沿海地区高职院校率先与海外院校建立合作关系，为未来国际合作奠定了坚实基础。

三、全面推进与深化发展阶段（21 世纪初至 2013 年）

进入 21 世纪，全球化加速和中国经济快速增长使职业教育国际化的需求愈发迫切。政府持续加大支持力度，出台更具体、全面的政策措施，全面推进职业教育国际化发展。在这一阶段，职业教育国际化的内涵极大丰富，合作模式多元化，除了传统的师生互访、联合办学，还出现了共建实训基地、国际职业技能竞赛、学历学位互认等新型合作模式，提升了职业教育的国际化水平和实用性。同时，职业教育机构积极引进国外先进理念和管理经验，优化课程设置和教学方法，提升师资国际化水平，显著增强了国际化办学能力，为培养高素质技能型人才提供了保障。此外，政府积极推动国际化交流平台建设，举办国际职业教育论坛、博览会等活动，加强与国际职业教育组织合作，参与国际项目实施，推动职业教育与国际接轨。这一时期，越来越多的职业院校与国外教育机构建立长期合作关系，开展实质性项目，我国职业教育的国际影响力显著提升，在国际舞台上崭露头角。

四、创新与特色形成阶段（2013 年至今）

自 2013 年以来，我国职业教育国际化进入创新与特色形成新阶段，主要体现在以下几个方面。

（一）政策法律完善与支持

政府高度重视职业教育国际化发展，出台了一系列相关政策法规，如《关于推动现代职业教育高质量发展的意见》和《中华人民共和国职业教育法》等。这些政策法规明确提出鼓励职业教育领域的对外交流与合作，支持引进境外优质资源，并推动职业教育"走出去"。这些政策法规为职业教育国际化提供了有力的法律保障和政策支持，规范了职业教育机构的行为，为其国际化发展提供了明确的指导和方向。

（二）服务"一带一路"倡议

在"一带一路"倡议下，我国职业教育积极参与"一带一路"共建国家的职业教育合作与交流。通过共建职业教育合作项目、提供师资培训等方式，我国职业教育为"一带一路"建设提供了有力的人才支撑和智力保障。这不仅促进了"一带一路"共建国家的教育发展，也加深了彼此之间的友好关系。

（三）"走出去"战略与品牌建设

我国职业教育逐渐走向世界舞台。通过与国外教育机构合作、参与国际项目等方式，我国职业教育机构将自身理念和优质资源带给国际社会。同时，我国职业教育在品牌建设方面取得了重要突破，通过打造"鲁班工坊""丝路学院"等一系列具有中国特色的职业教育品牌，展示了我国职业教育的独特魅力和高水平。这些职业教育品牌不仅在国内享有盛誉，也在国际市场上逐渐赢得认可和赞誉。

（四）中国特色与创新实践

在职业教育国际化进程中，我国始终强调保持自身特色。通过融入中国传统文化元素、结合中国产业发展需求等方式，我国职业教育形成了独具特色的教育体系。这种中国特色不仅丰富了职业教育的多样性，也为国际社会提供了多元化的教育选择。在这一阶段，我国职业教育国际化涌现出了一批具有示范意义的典型案例。例如，一些职业院校与国外知名企业合作，共同建立了国际化的实训基地和研发中心，为学生提供了更为广阔的职业发展空间。

（五）资源输出与融合

我国开始注重资源的输出与融合。一方面，积极向国际社会输出我国的职业教育资源和经验，提升我国职业教育的国际影响力；另一方面，注重与国际资源的融合，通过引进、消化、吸收再创新的方式，形成具有中国特色的职业教育国际化发展道路。

（六）国际平等对话与交流

随着职业教育国际化程度的不断加深，我国职业教育机构开始与国际同行建立平等的对话与交流机制。通过完善职业院校国际化整体统筹的组织架构设计，优化国际化的机构设置，加强校内各部门之间的协同合作，整合校内各部门、各教学单位优质资源，为职业院校国际化项目的持续推进提供组织保障。在这一阶段，我国职业教育国际化已经取得显著成果，形成了一定的规模和影响力。职业教育机构与国外教育机构的合作更加紧密和深入，国际交流与合作的形式和内容也更加丰富多样。同时，职业教育国际化的质量和效益也得到了进一步提升，为我国职业教育的持续发展和国际竞争力的提升奠定了坚实基础。

第四节　我国职业教育国际化发展动因

一、内因驱动

（一）推动职业教育创新发展的需要

国际化发展不仅是职业教育适应全球趋势的必然结果，更是推动其创新发展的重要动力。通过与国际接轨，职业教育能够引进国外先进的教育模式和教学方法，这些模式和方法基于国际先进的教育理念和实践经验，为我国职业教育带来全新的视角和思路。在职业教育国际化进程中，我国职业教育机构接触到更多元化的教育资源，包括课程体系、教材、教学方法和评估体系等。这些资源的引进和融合，激发了职业教育的创新活力，推动其在教学内容、教学方法和教育评估等方面的改革。同时，国际化发展促使职业教育机构探索新的教育模式，如跨国教育项目和远程教育等，以满足不同学生群体的需求。这些创新尝试不仅丰富了职业教育的内涵，也为其未来发展奠定了坚实基础。最终，通过国际化发展的推动，我国职业教育将逐步形成具有中国特色的职业教育体系，融合国际先进教育理念和实践经验，同时保留和发扬我国职业教育的传统优势，为培养更多具有国际竞争力的高素质技能型人才贡献力量。

（二）提升职业教育质量与竞争力的需求

在全球化背景下，职业教育国际化已成为提升我国职业教育质量与竞争力、强化内涵建设的关键途径。通过引进先进的教育理念，我国职业教育得以借鉴并融合全球职业教育的优秀成果，从而不断更新和完善自身的教育体系，丰富职业教育的内涵。国际先进的课程体系和教学方法的引入，能够促使国内职业院校优化课程设置，改进传统的教学方式，使教学内容更加贴近国际需求，有利于培养更多具备国际视野和竞争力的高素质技能型人才。此外，与国际高水平职业教育机构的合作，不仅为我国职业院校提供了学习和交流的平台，还促进了双方在师资、科研、教学资源等方面的深度共享与互动。这种深度的国际合作，无疑将极大地推动我国职业教育质量的整体提升，强化职业教育的内涵式发展，使其在激烈的国际竞争中占据更有利的地位。同时，"走出去"战略的实施，鼓励我国职业院校积极参与国际职业教育合作项目，拓宽国际视野，进一步提升职业教育的国际影响力和竞争力。因此，提升教育质量与竞争力、强化内涵建设，是我国职业教育国际化发展的重要内因驱动之一。

（三）满足国际化人才需求升级的需要

随着科技的发展和经济结构的转型升级，社会对高素质、高技能人才的需求日益增长，传统职业教育模式已难以满足现代社会的需求。职业教育国际化成为推动人才培养升级、适应社会需求变化的重要途径。现代社会对人才的要求，不仅包括扎实的专业技能，而且更强调跨文化交流、国际视野和创新能力。为紧跟这一形势，职业教育需积极引进国际先进的教育理念、教学方法和资源，以培养学生的国际竞争力和跨文化交际能力。国际化发展为职业教育带来了多元化的教育资源和实践机会，使学生能够更好地了解国际行业动态和技术前沿，提升实践能力和创新思维，增强未来职场的竞争力。同时，随着国际合作的深化，企业和机构对具有国际化背景的高素质人才需求不断增加。职业教育通过国际化发展，能够培养出更多符合这一需求的人才，满足社会和经济发展的需要。

（四）服务地方经济建设的需要

职业教育国际化在服务地方经济建设方面展现出独特的优势与潜力，成为推动地方经济转型升级、提升国际竞争力的重要途径。随着全球化的深入发展，地方经济越来越需要具有国际视野和跨文化交流能力的人才。职业教育国际化通过引入国际先进的教育理念、教学方法和课程体系，培养了大量具备国际竞争力的高素质技能型人才。这些人才不仅掌握了先进的专业知识和技能，还具备良好的外语沟通能力和跨文化适应能力，能够更好地适应国际市场需求，为地方企业"走出去"提供有力的人才支撑。

同时，职业教育国际化还促进了地方经济与全球经济的深度融合。通过与国际知名企业、教育机构开展合作，职业教育机构能够及时了解国际产业发展趋势和市场需求，为地方经济提供有针对性的服务。例如，通过与国际化企业合作开展联合培养项目，职业教育机构可以为企业输送具备国际经验和专业技能的人才，助力企业拓展国际市场。此外，职业教育国际化还推动了地方经济的创新发展。通过与国际先进企业的交流与合作，职业教育机构能够引进和消化国际先进技术，为地方经济提供新的增长点。同时，职业教育国际化还促进了地方经济的多元化发展，通过培养多样化的人才，为地方经济提供了更多的发展选择和可能性。

二、外因鞭策

（一）服务国家战略的需求

职业教育国际化不仅是提升我国职业教育质量与竞争力的重要途径，更是我国教育强国战略的重要组成部分。通过国际化发展，能够拓宽国际视野，借鉴国际先进经验，提升教育质量和水平，从而更好地服务国家战略。在全球化的背景下，国家之间的竞争日益激烈，而职业教育作为培养高素质技能型人才的重要途径，对于提升国家综合竞争力具有重要意义。通过职业教育国际化，能够培养出更多具备国际视野、跨文化交流能力和创新精神的高素质技能型人才，为国家的经济社会发展注入新的活力。通过职业教育国际化，能够培养出更多符合国家战略需求的高素质人才，为国家的繁荣富强贡献更大的力量。

（二）国家政策的支持与推动

我国政府高度重视职业教育国际化，出台了一系列政策文件，如《职业教育提质培优行动计划（2020—2023 年）》《中华人民共和国职业教育法》《关于加快推进现代职业教育体系建设改革重点任务的通知》《教育强国建设规划纲要（2024—2035 年）》等，从政策法规层面为职业教育国际化提供了有力的支持和保障。这些政策不仅明确了职业教育国际化的重要性，还制定了具体的实施路径和措施，构建了职业教育国际化的整体框架和推进机制。国家鼓励引进国外先进的教育理念和教学方法，以提升职业教育的质量和水平。同时，通过设立奖学金和交换生项目，鼓励学生走出国门，拓宽国际视野，了解不同国家的文化和教育体系。此外，国家还加强与国际化企业的合作，为学生提供更多实习和就业机会，增强学生的实践能力和就业竞争力。在国家政策的支持与推动下，职业教育的国际化发展取得了显著成效。越来越多的职业教育机构开始与国际接轨，不仅提升了自身的国际竞争力，还为国家的经济发展和社会进步输送了大量具有国际视野的高素质技能型人才。这些成果充分证明了国家政策在推动职业教育国际化发展中的重要作用。

（三）国际社会对职业教育的认可与需求

国际社会对职业教育的认可与需求正在显著提升。随着全球经济的快速变化和技术的不断革新，职业教育在培养多样化人才、传承技术技能，以及促进就业创业等方面发挥着越来越重要的作用。在多个国际舞台上，职业教育的重要性被广泛讨论和认可。例如，在 2024 年世界职业技术教育发展大会上，来自全球多个国家的重要嘉宾齐聚一堂，共同探讨职业教育发展的新篇章。他们一致认为，职业教育不仅是提升就业和经济发展的强大引擎，更是连接全球合作与文化交流的桥梁。多个国家正加大投入力度，携手推动职业教育领域的创新与发展，以满足快速变化的市场需求。同时，国际社会对职业教育的需求也在不断增加。随着人工智能、可再生能源和数字通信等领域对技术型人才需求的不断增长，职业教育成为培养这一类人才的最佳途径。许多国家都在积极构建完善的职业教育体系，以提升青年和成人的职业技能和竞争力，从而帮助他们更好地适应未来的就业市场。此外，职业教育在国际合作方面也展现出了巨大的潜力。多个国家和国际组织都在积极寻求与职业教育相关的合作项目，以推动教育创新、促进经济发展和增进文化交流。这些合作不仅有助于提升职业教育的质量和水平，还为全球青年提供了更多样化的教育选择和就业机会。

第二章

职业教育国际化发展现状及发展趋势

第一节 西方职业教育国际化发展 先进经验借鉴

一、德国职业教育双元制及国际化发展模式

双元制模式是一种源于德国的职业培训模式，也是一种国家立法支持、校企合作共建的办学模式。在这种模式下，参加职业培训的人员必须经过两个场所的培训：一是职业学校，主要职能是传授与职业有关的专业知识；二是企业或公共事业单位等校外实训场所，主要职能是让学生在企业里接受职业技能方面的专业培训。

（一）德国职业教育双元制的具体内涵

德国职业教育双元制是一种独特的职业教育模式，其特点在于将学校与企业紧密结合，共同培养专业人才。该模式通过特定的培训场所、培训内容与方式，为学员提供全面的职业教育。

（1）定义与特点。德国双元制职业教育是一种融合学校教育与企业实践的模式，强调以实践为导向，注重学员职业技能的培养。学生在企业中接受70%的实践培训，积累真实工作经验，同时在职业学校中接受30%的理论教育，系统学习专业知识。此外，该模式还具备全国统一的职业教育标准，由行业协会颁发的职业资格证书全国通用；企业培训师和职业学校教师均需具备资质，确保教学质量；政府、行业协会、企业和社会伙伴共同参与管理和监督，保障教育质量与适应性。

（2）培训场所。学校和企业是双元制培训的两个主要场所，分别负责理论教育和实践培训。

（3）培训内容与方式。学校侧重于传授理论知识，企业则侧重于培训实践技能。

（4）法律保障。德国《职业教育法》为双元制教育提供了坚实的法律基础，确保培训质

量和标准。

（5）培训时间与分配。培训时间通常为期 3 年，大部分时间在企业进行实践培训，部分时间在学校学习理论。

（6）学员待遇与前景。学员在培训期间可获得实习工资，经济上得到一定支持；毕业后就业前景广阔，凭借扎实的技能和实践经验，可直接在企业就业，甚至有机会晋升为技术骨干或进入管理层，职业发展路径清晰。

（7）考核与评价。培训期间有严格的考核与评价体系，确保学员职业技能达标。

（8）灵活性与适应性。双元制教育能够灵活调整培训内容和标准，以适应市场需求的变化。

（二）德国双元制模式的主要特点

（1）理论与实践紧密结合。学生在学校接受专业理论知识教育的同时，也在合作企业中接受实践技能的培训。这种教育模式使学生有机会更早地接触实际工作场景，将所学理论知识应用于实践中，从而加深对专业知识的理解与掌握。

（2）企业与学校的协同教育。企业是不可或缺的教育合作伙伴，真实的生产环境及先进的设施设备，使学生比较接近实践，接近未来工作的需要，能较早地接触新技术、新工艺、新设备、新材料。学校与企业紧密合作的教育模式使得职业教育更加贴近市场需求，培养出的人才更加符合企业的期望和需要。

德国双元制模式的实施路径包括健全的法律法规作为制度保障，如制定于 1969 年的德国《职业教育法》。此外，不是所有企业都有资格从事职业教育，只有经过行业协会审定并在同行企业中享有极高社会声誉的企业才能从事"双元制"教育。

（三）德国双元制模式的优势及效果

德国双元制职业教育模式以其高效、实用的特点，在全球范围内享有盛誉。首先，双元制职业教育以"双元制"为核心，通过学校和企业合作的方式，为学生提供实践技能培训和理论知识教育，结合了企业与学校的教育资源，学生在学校学习理论知识的同时，也在企业接受实践技能培训，这种教育模式有效缩短了学校教育与职业需求之间的距离，提高了学生的就业竞争力。其次，双元制模式强调统一标准与质量保障，通过制定严格的课程标准和评估标准，确保学生获得高质量的职业教育。再次，双元制模式注重国际合作与交流，通过与世界各国职业学校的合作，推广德国职业教育理念和经验，促进各国职业教育的共同发展。最后，德国政府通过立法和财政支持，确保了双元制模式的顺利实施，为职业教育国际化发展提供了宝贵经验。

1. 优势

① 双元制职业教育能够培养学生的实践能力和职业素养，提高其就业竞争力。

② 企业参与人才培养过程，有利于培养符合企业需求的专业人才。

③ 学生在企业接受实践培训，能够提前熟悉企业的环境和文化，增强对企业的归属感。

2. 效果

① 学生在毕业后能够迅速适应工作岗位，省去较长的适应阶段。

② 企业的员工流失率降低，因为员工在培训期间已经对企业产生了深厚的感情和归属感。

③ 德国经济在战后能够迅速腾飞，双元制职业教育在其中发挥了重要的作用。

（四）德国双元制国际化发展模式

德国双元制国际化发展模式是一种将理论学习与企业实践紧密结合的职业教育模式，其国际化发展主要体现在以下几个方面。

1. 国际化的教育体系

德国双元制职业教育体系本身就具有很强的国际化特色。它强调学生不仅要在职业学校学习理论知识，还要在企业中接受实践培训，这种模式使得学生能够接触到国际化的工作环境和先进的生产技术。同时，德国职业教育机构也积极与国外企业和教育机构开展合作，共同培养具有国际视野和技能的人才。

2. 国际合作与交流

德国双元制职业教育在国际化进程中非常注重与国际社会的合作与交流。例如，德国政府和企业会与国外政府、企业、教育机构等开展合作项目，共同推动职业教育的发展。这些合作项目可能包括学生交流、教师互访、课程共享等，有助于提升德国职业教育的国际影响力。

3. 国际标准的认证与培训

德国双元制职业教育在国际化进程中注重与国际标准的认证与培训相结合。德国职业教育机构积极引入国际标准，如 ISO 9000 等，来规范职业教育的教学质量和培训标准。同时，德国还积极参与国际职业教育认证体系，如欧洲职业教育与培训质量保障框架（EQAVET）等，以提升其职业教育的国际认可度。

4. 国际化的课程设置与教学资源

为了适应国际化的需求，德国双元制职业教育机构还注重开发国际化的课程和教学资源。例如，他们可能会引入国外的先进技术和教学方法，或者与国外企业共同开发适合国际化需求的课程。此外，德国职业教育机构还积极利用国际化的教学资源，如网络课程、在线学习平台等，为学生提供更加多元化的学习机会。

5. 国际学生的招收与培养

德国双元制职业教育机构也积极招收国际学生，并为他们提供适合其文化背景和技能需求的教育和培训。这些国际学生不仅可以在德国接受高质量的职业教育，还可以借此机会了解德国的企业文化和社会环境，为未来的国际就业做好准备。

二、美国职业教育社区学院及国际化发展模式

（一）社区学院的内涵

美国职业教育社区学院作为教育体系中的重要组成部分，其内涵丰富，特色鲜明。这些学院致力于服务社区经济，通过多元化的经费来源保障教育质量。学制与课程设置灵活多样，

满足不同层次和类型学生的学习需求。实践教学是社区学院的一大特色，约50%的学生需参与社区实习，通过实际操作培养专业技能。招生入学政策宽松，为更多有志于职业教育学习的学生提供机会。同时，学分互认便捷，使得学生在不同学院间的学习得以无缝衔接。教师资源共享机制促进了优质教育资源的流动与整合。此外，社区学院与企业紧密合作，共同制定人才培养方案，为学生提供更多实践机会和就业渠道，有力推动了职业教育与产业发展的深度融合。

（二）社区学院的特点

社区学院被称为两年制学院或技术学院，它们为学生提供了获得各种技术、职业教育及学术转学机会的平台。社区学院具有以下几个显著特点。

（1）课程设置针对性强。社区学院的专业设置、课程设置、教学活动等各项工作都以社区的近期、长远需要，以及当地工商业的需要和就业趋势为依据。例如，针对美国目前护士短缺的现状，社区学院可能会开设护理专业，以满足这一职业需求。

（2）服务性强。社区学院的生源主要是本社区的青年学生，其教育目标是促使学生掌握专业技能和知识，为学生就业或为在职人员提供知识更新的机会。同时，社区学院还通过各种教育形式，满足不同年龄和文化程度学生的职业教育需要。

（3）教师资源共享。在美国，社区学院和四年制正规大学的教师是可以相互调配、共享使用的。这一共享目标的基础是发达的网络管理，各校不必为所设的每个专业都培训相应的教师，可以通过网络聘请其他学校的教师授课。

（4）招生办学灵活。社区学院的授课时间尽量方便学生，下午、晚上甚至在周末都开设课程，充分保证各行业在职人员都有学习机会。专业和课程设置也非常广泛，包括各种实用性专业和课程。

（5）学分互认。在美国社区学院就读的学生，职业教育培训的学分可以得到四年制正规大学的承认，这为学生提供了多渠道、广阔的发展前景。

此外，社区学院在美国历史上经历了由私立向公立的演变过程，其发展历程与国家的经济发展和社会需求紧密相连。例如，在经济大萧条时期，社区学院开始承担就业培训的任务，而在经济复苏时期，随着社会对各类应用型、技能型人才的需求增加，社区学院得到了迅速发展。

（三）社区学院的优势及效果

美国职业教育社区学院的优势在于其提供低成本、高质量的职业教育，同时与企业紧密合作，确保教育内容与市场需求高度契合。其效果则体现在高就业率和毕业生职业发展的多样性上，为学生提供了广阔的职业前景。

1. 优势

（1）学费低廉。社区学院得到地方财政补贴，因此学费相对于四年制正规大学更为低廉，为广大学生提供了经济实惠的高等教育选择。

（2）课程实用灵活。社区学院提供的课程实用性强，且灵活多样，涵盖从艺术与设计到工程技术、商业管理等多个领域，满足学生多样化的学习需求。

（3）入学门槛较低。相较于四年制正规大学，社区学院的申请入学条件较为宽松，为更多学生提供了接受高等教育的机会。

（4）师资共享与校企合作。社区学院与四年制正规大学之间师资共享，且与企业保持紧密合作，为学生提供优质的实践教学和就业机会。

（5）转学机会。社区学院的学生在完成两年学业后，有机会转入四年制正规大学继续深造，获得学士学位，为学生提供了更广阔的发展空间。

2．效果

（1）高就业率。由于社区学院的专业设置与市场需求紧密相关，因此其毕业生就业率较高，为当地经济发展做出了积极贡献。

（2）促进教育公平。社区学院的开放包容政策，使得更多不同背景的学生有机会接受高等教育，促进了教育公平和社会流动。

（3）满足社区需求。社区学院通过提供职业教育和社区教育，满足了社区居民对高等教育的需求，促进了社区的整体发展。

（四）美国职业教育国际化发展模式

美国职业教育国际化发展模式以社区学院为载体，通过设立国际教育中心和海外分校等方式，提供全球化教育服务。社区学院在美国职业教育体系中扮演着举足轻重的角色，通过推进国际化改革，大大提升了其国际化水平。社区学院注重多元文化交流与融合，招收来自不同国家和地区的学生，促进了文化多样性和跨文化交流，为培养具备国际视野和职业能力的人才做出了重要贡献。

（1）在国际化进程中，注重与全球各地的教育机构和企业建立广泛的合作关系。通过与国外院校开展联合办学、学分互认等项目，社区学院为学生提供了更多海外学习和实践的机会，社区学院还积极与企业合作，共同开展职业培训、技术研发等活动，以满足全球化背景下企业对人才的需求。

（2）在课程设置和教学内容上注重与国际接轨。社区学院根据国际职业标准和行业发展趋势，不断调整、优化专业设置和课程体系，并引入国际化的教学方法和手段，如在线课程、混合式教学等，以提高教学质量和效果。

（3）重视师资力量的国际化建设。社区学院积极引进具有国际背景和丰富教学经验的优秀教师，为学生提供优质的教育资源。社区学院还鼓励教师参加国际学术会议、访学等活动，以拓宽教师的国际视野和学术水平。

（4）注重培养学生的国际素养和跨文化交流能力。社区学院通过开展国际文化交流活动、举办国际论坛等方式，为学生提供与不同国家、不同文化背景的人交流的机会，培养学生的跨文化意识和能力。

（5）美国职业教育国际化模式强调创新创业与校企合作。通过与产业界的紧密合作，为学生提供实践机会和就业机会。

三、瑞士职业教育学徒制及国际化发展模式

（一）学徒制的内涵

瑞士职业教育学徒制是一种融合学校教育与企业实践的"三元制"模式，以政府、学校和企业三方紧密合作为核心，涵盖多元培训内容。学生在完成义务教育后，约三分之二进入职业教育体系，每周1～2天在学校学习理论知识，3～4天在企业进行带薪实习，通过"做中学"模式掌握实际技能。该制度提供约240种职业选择，严格的筛选和考核体系确保培训质量，学徒期满可获得职业资格证书及行业协会认可，实现与劳动力市场的无缝对接。

瑞士职业教育学徒制的核心在于实践、学习并行模式，学徒大部分时间在企业跟随导师实践操作，同时在学校接受基础学科教育，如数学、物理、语言等，将理论知识与实践技能相结合。这种模式不仅提高了学习的针对性和实用性，还为学生的职业发展打下坚实基础。此外，瑞士建立了完善的职业资格证书体系，学生完成学业并通过考核后，可获得由行业协会颁发的国际认可证书，为其就业和职业发展提供保障。学校和企业还为学生提供职业规划课程和个性化指导，帮助他们明确职业目标和发展路径。同时，严格的培训与考核机制确保了职业教育的质量和效果，行业协会密切关注市场需求变化，及时调整职业教育内容，使学生能够掌握市场需要的技能和知识。

（二）学徒制的特点

学徒制以其独特性和高效性在全球职业教育领域独树一帜，其特点主要体现在以下几个方面。

（1）量大面宽机制完善。瑞士职业教育学徒制覆盖广泛，涉及多个行业和领域，为大量学生提供了接受高质量职业教育的机会。同时，其管理机制完善，确保了学徒培训的有序进行。

（2）先培训后就业制度。该制度强调学生在接受完系统的职业教育和培训后，再进入职场，这一模式确保了学生具备足够的职业技能和知识，提高了其就业竞争力。

（3）企业师傅专业指导。学生在企业接受培训时，由经验丰富的企业师傅进行一对一或小组指导，这种师徒制的教学方式有助于学生快速掌握职业技能。

（4）理论与实践相结合。瑞士职业教育学徒制注重理论与实践的紧密结合，学生在掌握理论知识的同时，通过实践操作加深理解，提高了其解决实际问题的能力。

（5）考核严格，形式多样。学生在完成培训后，须接受严格的考核，考核形式包括笔试、实操、项目展示等，确保学生真正掌握所学内容。

（6）政府、企业共同参与。瑞士政府和企业共同支持学徒制的发展，政府提供政策支持和经费补贴，企业则提供实践岗位和培训资源，形成了政府、企业、学生三方共赢的局面。

（7）培训经费来源多。培训经费来源包括政府补贴、企业投入、学生个人承担等，确保了培训经费的充足和稳定。

（8）职业教育灵活多样。瑞士职业教育学徒制灵活多样，根据市场需求和学生个人兴趣，

提供多种职业培训课程和学制选择，满足了不同学生的学习需求。

（三）学徒制的优势与效果

（1）紧贴市场需求。紧密贴合市场需求，培训内容与企业实际需求高度契合。学生在学习过程中，能够直接接触到行业前沿技术和市场需求，从而确保所学技能具有高度的实用性和前瞻性。

（2）法律保障完善。瑞士政府高度重视职业教育，通过制定和完善相关法律法规，为学徒制提供了坚实的法律保障。这些法律不仅明确了学生的权益和义务，还规定了企业和学校的责任，确保了职业教育的质量和效果。

（3）双重教育体系。学徒制采用学校与企业双重教育体系，实现了理论与实践的完美结合。学生在学校学习理论知识，同时在企业接受实践培训，这种双重教育模式有助于学生全面掌握职业技能，提高综合素质。

（4）促进就业发展。学徒制为学生提供了丰富的实践经验和职业技能，增强了其就业竞争力。同时，企业通过与学校合作培养学生，能够直接选拔到符合需求的高素质人才，促进了企业的快速发展和就业市场的繁荣。

（5）明确职业方向。学徒制使学生在学习过程中能够明确自己的职业方向，有助于其未来职业生涯的规划和发展。通过系统的职业指导和培训，学生能够了解自己的兴趣和能力，从而做出更加明智的职业选择。

（6）资格认证体系。学徒制建立了完善的资格认证体系，学生在完成培训并通过考核后，能够获得相应的职业资格证书。这些证书不仅证明了学生的职业技能水平，还为其未来的职业发展提供了有力的支持。

（7）提供收入机会。学生在培训期间，不仅能够获得宝贵的实践经验，还能够获得一定的收入。这种收入不仅减轻了学生的经济负担，还激发了其学习积极性和动力。

（四）瑞士职业教育国际化发展模式

瑞士职业教育国际化发展模式融合了国际化元素与本土优势，为全球职业教育提供了宝贵经验，其特点如下。

（1）政府支持。瑞士政府制定政策和措施，为职业教育的国际交流与合作提供制度保障和资金支持，并积极参与国际职业教育组织和项目，推动职业教育的全球化和标准化发展。

（2）与国际接轨。瑞士职业教育注重引入国际先进的理念和方法，结合本国双元制教育模式，强调学校与企业的紧密合作，使学生得以平衡发展。在国际化进程中，瑞士积极借鉴他国经验，不断完善和优化自身职业教育体系。

（3）国际合作与交流。瑞士与多国建立职业教育合作关系，共同制定教学计划，互派师生交流，促进双方相互了解和合作。这种合作模式有助于瑞士了解国际最新教育理念和方法，同时推广本国职业教育的成功经验。

（4）培养国际人才。瑞士职业教育机构积极开设国际课程，引进外籍教师和国际教育资源，为学生提供广阔学习平台。鼓励学生参与国际实习和交流项目，提升其国际竞争力和适应能力。注重培养具有国际视野和跨文化沟通能力的人才。

（5）语言多样性优势。作为多语言国家，瑞士利用其语言环境优势，开展多语种职业教育项目，吸引国际学生和教师，促进国际交流与合作。

（6）职业资格国际认证。瑞士职业教育机构与国际职业资格认证机构合作，将课程体系、教学方法和评估标准与国际标准对接，提高教育质量和国际竞争力，确保其培养的人才能得到国际认可。

四、澳大利亚职业教育 TAFE 及国际化发展模式

（一）TAFE 的内涵

TAFE（technical and further education，职业技术教育学院）是澳大利亚高等教育的重要组成部分，也是大洋洲、欧洲和东南亚国家通用的职业技术教育形式。TAFE 由澳大利亚政府开设，学院负责实施教育与培训，提供以实践和技能为主的课程，这些课程根据社会经济和商业活动发展的需要而设计，实用性强，且与就业市场紧密对接。TAFE 通常采用小班制，学生能得到较多老师的帮助，学校设施完善且现代化，教学上注重小组学习和讨论，教师多为经验丰富的专业人士，教学内容包括实践工作和课堂教学，学制灵活，一般为一到两年，学生可选择全日制学习或非全日制学习。完成课程后，学生可直接就业或继续攻读大学本科学位，部分课程与大学设有衔接课程，学生可申请转学到大学深造。此外，TAFE 学费普遍低于本科课程，文凭在澳大利亚被广泛认可，毕业生就业前景广阔。澳大利亚职业教育模式以需求为导向，强调与市场需求紧密对接，注重以能力为核心的人才培养，通过校企合作、产学研合作等方式，确保教育内容符合行业最新趋势，提高学生的实践能力和就业竞争力。

（二）TAFE 的特点

澳大利亚职业教育 TAFE 的特点主要体现在以下几个方面。

（1）实用性强。TAFE 的课程设计紧密贴合社会经济和商业发展的实际需求，注重培养学生的职业技能和就业能力。课程内容实用且针对性强，使学生能够快速掌握行业所需的专业技能。

（2）入学门槛相对较低。相较于本科课程，TAFE 的入学要求较为宽松。学生通常只需完成高中或同等学历，并具备一定的英语水平（如雅思 5.0～5.5 分）即可申请入学。这为更多希望接受职业教育的学生提供了机会。

（3）学费低廉。TAFE 的学费普遍低于本科课程，这对于经济条件一般的学生来说是一个重要的优势。它使得更多人能够负担得起学费，从而提升自己的职业技能和就业竞争力。

（4）就业前景广阔。TAFE 毕业生在澳大利亚的就业前景非常广阔。由于课程与就业市场紧密对接，毕业生往往能够迅速找到适合自己的工作岗位。此外，TAFE 证书在澳大利亚被广泛认可，是从事相关技术性工作的必备条件。

（5）升学路径灵活。完成 TAFE 课程后，学生可以选择直接就业，也可以继续攻读大学本科学位。部分 TAFE 课程与大学设有衔接课程，学生可申请转学到大学继续深造。这种灵活的升学路径为学生提供了更多的选择和机会。

（三）TAFE 的优势及效果

（1）课程实用性强，就业前景广阔。TAFE 课程紧密围绕市场需求设计，注重实践技能的培养，学生在学习过程中能够积累丰富的实际工作经验。这种实用性强的课程设置使得 TAFE 毕业生在澳大利亚的就业市场上具有很强的竞争力，许多专业的毕业生能够实现"毕业即就业"。此外，TAFE 文凭在澳大利亚及国际上广受认可，为学生的职业发展提供了有力保障。

（2）学制灵活，学习方式多样。TAFE 提供灵活的学制和多种学习方式，包括全日制、兼职和在线学习等，课程时长从几个月到两年不等。这种灵活性满足了不同学生的学习需求，尤其是对于那些需要兼顾工作或家庭的学生来说，提供了更多选择。

（3）行业联系紧密，实习机会丰富。TAFE 与企业深度合作，为学生提供丰富的实习机会和就业推荐。学院与本地企业建立了良好的合作关系，学生在学习过程中能够直接参与企业项目，积累实际工作经验。这种校企合作模式不仅提高了学生的实践能力，还为学生提供了直接进入职场的机会，增强了就业竞争力。

（4）升学路径畅通，衔接大学课程。TAFE 课程与大学教育紧密衔接，学生在完成 TAFE 课程后可以选择继续攻读大学本科学位。部分 TAFE 课程与大学设有衔接课程，学生可申请转学到大学继续深造，抵免部分学分。这种灵活的升学路径为学生提供了多元化的教育选择，满足了不同学生的发展需求。

（5）入学门槛低，国际学生友好。TAFE 的入学门槛相对较低，通常完成高中或同等学历即可申请，英语要求也较为宽松。这为国际学生提供了更多接受优质职业教育的机会，尤其对于那些英语基础较弱或学术背景不够强的学生来说，TAFE 是一个理想的起点。此外，TAFE 学院通常提供丰富的语言支持和学术辅导，帮助国际学生更好地适应学习环境。

（6）学费经济，性价比高。相较于本科或研究生课程，TAFE 的学费相对较低，国际学生学费通常为每年 10 000～18 000 澳元。这种经济实惠的学费设置使得 TAFE 成为许多学生的首选，尤其是对于那些希望在经济压力较小的情况下获得高质量职业教育的学生来说，TAFE 是一个理想的选择。

（四）澳大利亚职业教育国际化发展模式

澳大利亚职业教育国际化发展模式通过课程国际化、国际合作、职业资格国际对接、师资国际化培养和国际合作伙伴关系建设等措施，为全球学生提供高质量职业教育，提升了国际竞争力和影响力，也为澳大利亚经济发展和国际合作做出重要贡献。其主要特点如下。

（1）课程与教学的国际化。澳大利亚职业教育机构致力于开发与国际接轨的课程体系，融入国际元素和全球视角。他们不仅关注国内行业需求，还紧跟国际职业教育的最新趋势，调整和优化教学内容和方法。同时，澳大利亚职业教育机构还积极推广在线教育和远程学习，为学生提供更灵活的学习方式和国际交流机会。

（2）国际合作与交流项目。澳大利亚职业教育机构积极与其他国家的职业教育机构开展国际交流和合作项目。这些项目包括师生互访、课程合作、共同研发等，旨在促进双方在教学理念、教学方法、课程内容等方面的交流与互鉴。通过这些项目，澳大利亚职业教育机构可以引进国际先进的教育资源和技术，同时也有助于推广澳大利亚职业教育的经验和品牌。

（3）职业资格认证的国际对接。澳大利亚职业教育机构注重与国际职业资格认证机构建立合作关系，实现职业资格认证的国际互认。这有助于提升学生的国际就业竞争力，使他们能够在全球范围内获得认可和就业机会。

（4）师资力量的国际化。澳大利亚职业教育机构重视师资力量的国际化培养。他们鼓励教师参加国际学术会议、访学交流等活动，提升教师的国际视野和专业素养。同时，澳大利亚还积极引进外籍教师和具有国际背景的专家来任教或开展合作研究，以丰富教学内容和教学方法。

（5）建立国际合作伙伴关系。澳大利亚职业教育机构积极寻求与国际上知名的企业、行业组织及教育机构建立合作伙伴关系。这种合作有助于澳大利亚职业教育机构及时了解国际行业需求和发展趋势，调整、优化教学内容和课程设置，同时也为学生提供了更多的实践机会和就业渠道。

（6）强化国际市场营销与宣传。澳大利亚职业教育机构重视国际市场的营销与宣传工作。他们通过参加国际教育展会、举办国际交流活动等方式，积极展示澳大利亚职业教育的特色和优势，吸引更多的国际学生前来学习和交流。

五、日本职业教育及国际化发展模式

（一）日本职业教育的内涵

日本职业教育体系灵活多样，主要由专门学校和高等专门学校（高专）构成。

专门学校相当于中国的高等职业院校，主要负责培养具备特定职业技能的人才，以满足快速发展的工业需求。日本的职业教育体系强调实践与理论的结合，课程设置紧密围绕学生未来从事的职业，重视实习教学，确保学生在校期间能够掌握必要的专业知识和技能。

高等专门学校（高专）是日本职业教育的重要组成部分，学制通常为五年，旨在培养中高级技术技能人才。高专教育体制自 1962 年创立以来，经历了多次发展与变革，形成了与普通教育和高等教育相融合的独特体系。高专的课程设置与行业需求紧密结合，涵盖工业和商船等领域，培养学生的工程师素养和实践能力。

日本职业教育的内涵不仅体现在对职业技能的重视，还包括对学生综合素质的培养。通过系统性和实用性的专业技术教育，学生在毕业时能够达到甚至超过四年制大学毕业生的水平。此外，职业教育在维护社会公平、促进民生改善方面也发挥了积极作用，为来自中低收入家庭的学生提供了更多的发展机会。总之，日本的职业教育模式通过灵活的教育体系和紧密的产教结合，为国家的经济发展和社会进步做出了重要贡献。

（二）日本职业教育的特点

（1）教育体系灵活多样。日本职业教育涵盖了从高中阶段的职业科（如工业科、商业科、农业科）到专门学校、高等专门学校（高专）、短期大学、专门职业大学、专门大学和职业能力开发学校等多层次教育机构。其中，专门学校相当于中国的高等职业院校，课程设置灵活，学制一般为 1～4 年，注重实践技能培养，就业率高。

（2）产教融合紧密。日本职业教育与企业界联系紧密，企业不仅提供实习和就业机会，还参与职业教育的课程设置和评估，确保教育内容与市场需求高度匹配。高等专门学校（高专）的教师中有 30%具有企业工作经验，90%以上拥有硕士或博士学位，这种师资结构保障了教学质量。

（3）升学与就业并重。日本职业教育不仅注重就业，还为学生提供了多元化的升学路径。例如，毕业于 2 年制专门学校的学生可申请插班到短期大学或普通大学学习；4 年制专门学校毕业生可申请进入大学研究生院。高等专门学校毕业生也有 60%选择就业，40%选择继续深造。

（4）职业资格与教育紧密结合。日本职业教育强调职业资格的获取，课程设置以考取职业资格证书为导向，学生在学习过程中能够积累实际工作经验，毕业后可直接从事相关工作。

（5）对中低收入家庭友好。日本职业教育体系为来自中低收入家庭的学生提供了更多发展机会，维护了社会公平，促进了民生改善。

（6）国际化与社会服务。日本职业教育机构积极开展国际交流与合作，同时注重服务地方社会。例如，高专学校通过与地方企业合作，推动地方经济发展和社区治理。

（7）终身教育理念。日本职业教育还鼓励社会人员回炉再造，例如新创设的"专门职大学"制度，允许将工作经验折算成学分，为在职人员提供了继续深造的机会。

（三）日本职业教育的优势及效果

（1）产教融合紧密。日本职业教育以产教融合为核心，企业深度参与课程设计、教学过程和实习安排，确保教育内容与市场需求高度一致。这种模式不仅提高了学生的实践能力，还为企业输送了即用型人才。

（2）课程实用性强。日本职业教育课程以职业需求为导向，强调"学以致用"，学生通过实践实习和项目式学习积累丰富的实践经验，毕业后就业率高，专门学校的就业率约达95%。

（3）升学与就业并重。学生毕业后既可以选择直接就业，也可以选择继续深造。例如，毕业于 2 年制专门学校的学生可申请插班到短期大学或普通大学学习，4 年制专门学校毕业生可申请进入大学研究生院。

（4）职业资格认证体系完善。日本建立了完善的职业资格认证体系，课程设置与职业资格证书紧密对接，学生在毕业时通常能够获得相应的资格证书，这些资格证书在社会上具有较高的认可度。

（5）国际认可度高。日本职业教育的高质量和实用性使其在国际上享有盛誉，培养的人才在国际市场上具有较强的竞争力。

（6）注重终身教育。日本职业教育鼓励社会人员回炉再造，例如，专门职大学允许工作实践经验折算学分，为在职人员提供了继续深造的机会。

（7）灵活的教育体系。日本职业教育体系涵盖了从初中到大学的多层次教育机构，包括专门学校、高等专修学校、高等专门学校、短期大学和专门职大学等，为不同年龄段和教育背景的学生提供了丰富的选择。

这些优势和效果使得日本职业教育在全球范围内具有较高的竞争力和影响力，为日本的经济发展和社会进步做出了重要贡献。

（四）日本职业教育国际化模式

（1）政策引领与战略规划。日本政府高度重视职业教育国际化，通过制定政策和战略规划推动其发展。政府成立专门机构，推动职业教育体系改革与创新，以适应国际化需求。进入信息化时代，职业教育改革重点转向国际化、持续化和纵深化。日本国际化推进委员会制定"接纳10万留学生计划"，出台《留学生政策》，拓宽国际化道路，增加国际化教学内容，培养学生的国际化素质。

（2）国际交流与合作项目。日本积极与其他国家的职业教育机构开展国际交流与合作项目，包括师生交流、课程合作、共同研究等。通过这些项目，日本职业教育机构可以了解国际职业教育的最新动态和发展趋势，学习借鉴国际先进的教育理念和方法，并与国际同行建立紧密的合作关系。

（3）国际化课程设置与教学改革。日本职业教育机构注重将国际元素融入课程设置和教学改革中。他们积极引进国际先进的职业教育课程和教材，结合本土实际进行本土化改造，以培养学生的国际视野和跨文化沟通能力。同时，日本职业教育机构还注重教学方法的创新，采用项目式学习、团队合作等教学方法，以提高学生的实践能力和创新能力。

（4）师资力量的国际化培养。日本重视职业教育师资力量的国际化培养。他们鼓励教师参加国际学术会议、访学交流等活动，提升教师的国际视野和专业素养。同时，日本还积极引进外籍教师和具有国际背景的专家来任教或开展合作研究，以丰富教学内容和教学方法。

（5）职业资格认证的国际对接。日本努力推动其职业资格认证体系与国际接轨，以便其培养的毕业生能够在国际上获得认可和就业机会。通过与国际职业资格认证机构建立合作关系，实现课程互认和职业资格互认，提升日本职业教育的国际认可度。

六、国外职业教育国际化发展先进经验借鉴

国外在职业教育国际化发展方面积累了丰富的经验，以下是一些值得借鉴的先进经验。

（一）政策支持与立法保障

发达国家通过立法和政策支持职业教育国际化，明确其地位、目标和任务。德国的《职业教育法》和《职业培训条例》为"双元制"模式提供法律保障，日本的《职业训练法》推动职业教育与企业教育融合。这些法律规范了职业教育运作模式，为企业和学校提供指导，同时政府通过财政补贴和税收优惠等措施，鼓励社会各界参与职业教育，推动其普及和发展，为国际化进程提供了稳定、有序的环境。

（二）校企合作与多元办学模式

校企合作是发达国家职业教育的核心模式之一。德国的"双元制"模式强调企业与职业学校合作，企业主导实际操作技能训练，学校负责理论知识传授。美国的"协作式"社区学院人才培养模式则通过校企联合培养和双导师制度，强化职业技能和实践能力。此外，日本的"产学合作"模式通过企业与学校的合作，共同开发课程和培养人才，确保教育内容与市场需求紧密结合。

（三）多元化的办学主体与投资渠道

发达国家的职业教育办学主体多元化，形成了国家、企业、团体和个人共同投资的格局。德国和美国的职业教育经费主要由公共财政和企业共同承担。这种多元化的投资模式不仅减轻了政府的财政负担，还提高了职业教育的资源投入和质量。

（四）国际化与全球视野

许多发达国家通过国际合作和交流推动职业教育的国际化。例如，日本通过国际化推进委员会制定了"接纳10万留学生计划"，增加国际化教学内容，培养学生的国际化素质。这种国际化战略不仅提升了职业教育的国际影响力，还为学生提供了更广阔的国际视野和就业机会。

（五）质量保障与评估体系

发达国家建立了完善的职业教育质量保障体系，涵盖法律、课程、职业资格和教学管理等方面。德国通过严格的法律和制度保障教育质量，美国则结合学院自我约束、社会中介机构评估和政府调控来确保教育质量。这种多维度体系提高了职业教育质量和声誉，增强了国际竞争力。中国可借鉴其经验，建立严格的职业教育评估和监管机制，提升教育质量和学生就业竞争力。

（六）灵活的课程与职业资格开发

发达国家注重职业教育课程和职业资格的标准化与灵活性。各国通过建立职业资格框架和课程标准，确保职业教育的质量和适应性。同时，课程设计注重实践技能和理论知识的结合，培养学生的综合素质和就业能力。

（七）终身教育与社会服务

发达国家职业教育强调终身教育理念，鼓励在职人员通过继续教育提升技能。例如，日本的职业教育体系为在职人员提供了丰富的继续教育机会，支持其职业发展。这种终身教育模式不仅提升了劳动者的技能水平，还促进了社会的稳定和经济发展。

这些经验为其他国家职业教育的发展提供了有益的借鉴，有助于推动职业教育与国际接轨，提升教育质量和国际竞争力。

第二节　我国职业教育国际化发展
现状及问题

一、我国职业教育国际化发展现状

近 20 年来，我国职业教育国际化发展取得了显著进展。从政策推动与支持到国际交流合作深化，再到共建"一带一路"行动和职教出海共同体的成立，我国职业教育国际化发展呈现出多元化、多层次的特点。

（一）政策推动与支持

1. 顶层规划设计引领

国家高度重视职业教育的国际化发展，为此精心制定并出台了一系列具有深远影响的政策文件，如《关于加快推进现代职业教育体系建设改革重点任务的通知》与《教育强国建设规划纲要（2024—2035 年）》等。这些文件为职业教育国际化奠定了坚实基础，明确提出了提升国际影响力的战略目标，并着重强调了职业教育与产业发展的深度融合。这充分展现了国家对职业教育国际化及产教融合的深刻洞察与高度重视。

2. 政策保障强力驱动

国家层面出台的多项政策文件，为职业教育国际化发展提供了清晰的方向指引和坚实的政策保障。这些政策全面覆盖了职业教育国际化的各个环节，从顶层设计到具体执行，均进行了详尽细致的安排。在政策的有力推动下，我国职业教育国际化取得了显著成就，不仅在国际舞台上占据了更加突出的位置，还为我国经济社会发展输送了大量具备国际视野和跨文化交流能力的高素质技能型人才。

3. 政府部门积极参与

政府部门在推进职业教育国际化中发挥了关键作用。教育部等部门主动融入全球教育治理，深化与国际教育组织的合作，积极参与国际学术交流与教育科研协作。例如，通过举办世界职业技术教育发展大会、世界职业院校技能大赛等活动，提升了中国职业教育的国际影响力。同时，教育部明确了职业教育国际化建设目标，通过共建合作平台、互派留学生、职业技能培训等途径，为合作国家培养了大批本土技能型人才。此外，教育部还出台了一系列标准，如职业教育海外办学条件标准、专业标准、人才培养标准等，推动职业教育境外办学提质升级。这些举措不仅增强了我国职业教育的国际认可度，还吸引了更多国际学生，显著提升了国际影响力。

（二）国际交流合作深化

我国职业教育国际化交流合作持续深化，与全球多个国家和地区构建了广泛的合作关系网络。职业院校积极与国际顶尖高校、研究机构及企业携手，通过合作办学、学术交流、科研合作等多种渠道，显著提升了自身的国际化办学层次与影响力。同时，我国深度参与国际职业教育组织与活动，与国际同行间的交流合作日益紧密，有力推动了职业教育国际化步伐的加快。

1. 国际平台搭建成果显著

2024 年，世界职业技术教育发展大会在天津成功举办，由教育部、中国联合国教科文组织全国委员会及天津市人民政府联合主办，吸引了众多国际政要、职业院校代表及企业精英共襄盛举。大会期间，部长级圆桌会议、平行论坛、世界职业院校技能大赛冠军总决赛等精彩纷呈，充分展示了职业教育在服务经济社会发展、助力国家重大战略实施中的卓越贡献。

2. 国际合作项目遍地开花

以"鲁班工坊"为典范的中国职业教育国际化品牌，在亚非欧多国设立合作基地，开设多元专业课程，为共建国家培育了大量技术技能人才。职业院校与国外知名企业、教育机构等展开了深度合作，包括共建实训基地、实施联合培养、互派留学生等，成果丰硕。

3. 国际合作形式持续创新

职业教育国际合作模式不断推陈出新，如"校企协同出海"新模式，中资企业与职业教育机构紧密协作，定制化培养海外员工，不仅提升了海外项目运作效率与质量，还精准对接海外本土化需求。同时，职业教育机构积极投身国际学术会议、科研合作等领域，不断提升自身的学术影响力与科研实力。

（三）职业教育国际化内涵全面深化

近年来，我国职业教育国际化内涵不断深化，逐步从"引进来"和"走出去"向输出中国职业教育标准转变。教育部出台了职业教育海外办学条件标准、专业标准、人才培养标准和职业资格认证标准等，规范现有合作项目，提升国际化办学水平。例如，通过"鲁班工坊"等项目，我国在亚欧非三大洲合作建成 30 余个境外办学机构，培养了大量本土技能人才。此外，我国积极参与全球职业教育治理，通过举办世界职业技术教育发展大会、世界职业院校技能大赛等活动，搭建了互学互鉴、共建共享的国际合作平台。这些举措不仅提升了我国职业教育的国际影响力，还为全球职业教育发展贡献了中国智慧。

（四）国际影响力日益提升

我国职业教育的国际影响力显著提升，通过高标准举办世界职业技术教育发展大会、组建世界职业教育联盟、颁发世界职业教育大奖等，增强了中国职业教育的感召力和塑造力。目前，我国已与 183 个建交国开展教育合作，与 60 个国家和地区签署学历学位互认协议，国际中文学习者累计超过 2 亿人。职业教育国际合作项目数量不断增加，全国 27 个省区市的 200 多所职业院校与 70 个国家和地区合作设立了 400 多个办学机构和项目。

（五）服务国际产能合作能力大大加强

我国职业教育在服务国际产能合作方面的能力显著增强。教育部通过制定相关标准、推动提质升级等措施，支持职业院校有序开展海外办学，提升服务国际产能合作水平。例如，我国在非洲、中亚、东南亚等地区开展了一系列职业教育合作项目，培养了大量本土技术技能人才。这些项目不仅满足了当地对技术技能人才的需求，还促进了技术、标准和文化的交流与互鉴。

二、我国职业教育国际化发展现存问题

（一）政策法规与制度保障不完善

1. 政策执行力度不一

各省市职业教育发展不平衡，导致政策在执行过程中存在力度不一的情况。部分地区的职业院校在国际化进程中缺乏明确的指导和支持，这直接影响了国际化发展的速度和效果。这种不均衡的执行力度不仅阻碍了职业教育的整体进步，也限制了部分地区院校与国际接轨的潜力。

2. 政策细化程度不足

尽管我国政府和相关部门已经出台了一系列支持职业教育国际化的政策，但这些政策在细化程度方面仍有待加强。具体而言，师资培训、人才引进、教学管理等方面的具体政策措施尚需进一步细化。另外，缺乏具有针对性的政策细则，使得政策在实际落地过程中难以得到有效实施和准确评估，这不仅影响了政策的执行效果，也限制了职业院校在国际化道路上的进一步发展。

3. 缺乏具体的操作性政策法规与针对性政策

尽管已有相关政策出台，但与之配套的具有可操作性的政策法规和实施细则仍不完善。这导致在实际操作中，一些院校与国外院校的合作或学生赴外参赛等项目受到诸多限制，如出国"三公"指标的约束，使得部分项目不得不调整策略，由"走出去"转为"请进来"，从而影响了人才培养的国际化效果。同时，针对职业院校国际化交流合作的专门政策法规尚未出台，这使得职业教育国际化办学的质量和水平难以得到有力保障。

（二）财政投入不足

职业教育的发展受经济水平影响最大，其国际化更是需要厚实的基础条件，包括硬件设施和软件建设。然而，目前对职业教育国际化的基础条件投入不足，尚未形成鼓励其可持续发展的投入机制。职业教育国际化的成本相对较高，需要大量的资金投入以支持国际交流、合作办学、师资培训、教学设施改善等多个方面。然而，目前对职业教育国际化的财政投入仍显不足，难以满足其快速发展的需求。

1. 资金缺口大

由于职业教育国际化的各项开支较大，而财政投入有限，导致资金缺口较大。这限制了职业教育国际化在多个方面的进一步发展。

2. 基础设施薄弱

财政投入不足导致职业教育机构在基础设施方面存在短板，如教学楼、实验楼、图书馆等硬件设施不足或落后，无法满足国际化教学的需求。

3. 国际合作受限

资金短缺限制了职业教育机构与国际知名教育机构、企业的合作深度和广度，这可能导致合作项目的数量和质量不高，影响了职业教育国际化的整体水平。

4. 师资力量不足

财政投入不足还导致职业教育机构难以吸引和留住高水平的国际化教师。同时，由于资金限制，教师赴国外培训、交流的机会也较少，限制了教师的国际化视野和专业能力的提升。

（三）合作办学存在不对等性

在中外合作办学方面，虽然已有一些积极尝试，但也存在以下问题：合作项目数量少，合作资源质量有待提高，精品项目不够，项目发展后劲不足，专业结构不合理。一些职业院校在合作办学中充当了境外学校生源后备基地和留学预科班的角色，导致合作办学存在明显的不对等性。

1. 合作项目和资源的不对等

尽管我国职业院校在中外合作办学方面进行了积极尝试，但合作项目数量相对较少，且合作资源质量有待提高。一些合作项目可能仅停留在表面，缺乏深度和广度，导致合作效果不尽如人意。在合作办学中，往往存在专业结构不合理现象，一些职业院校可能更倾向于开设热门或易于合作的专业，而忽视了与自身特色和优势相匹配的专业领域，这导致合作办学的专业结构不够均衡，难以满足多元化的人才需求。

2. 合作机制与管理体系的不对等

目前，我国职业教育国际化合作办学在合作机制方面还存在不完善的地方。一方面，缺乏有效的沟通机制和协调机制，导致双方在合作过程中可能出现信息不对称和沟通障碍；另一方面，缺乏完善的评估机制和反馈机制，难以对合作效果进行客观评价和及时调整。在合作办学中，管理体系的健全与否直接影响到合作办学的质量和效果。一些职业院校在合作办学中缺乏科学的管理体系，导致教学资源分配不均、教学质量参差不齐。同时，缺乏有效的监管机制和激励机制，也难以激发双方的合作积极性和创新热情。

（四）国际竞争力有待提高

1. 教育体系和标准国际化接轨不足

尽管我国职业教育规模宏大，但在教育体系和标准的国际化接轨方面仍有显著的提升空间。相较于先进的职业教育体系，我国在课程设置、教学方法、评价体系等多个核心领域仍存在一定差距，这些差距在一定程度上削弱了我国职业教育在国际舞台上的竞争力和被认可度。

尤其值得注意的是，课程设置与国际需求的匹配度不高成为一个突出问题。尽管部分职业院校已经尝试开设国际化课程，但缺乏深度融入跨文化交流元素的公共课程、融合国际先进技术的专业课程，以及与国际职业资格认证体系紧密对接的专业课程。这种课程设置上的局限性，导致我国职业教育培养的人才在国际化素养、专业技能及国际认证方面难以满足国际市场的需求，进而限制了我国职业教育在国际舞台上的竞争力和影响力。

2. 国际化课程在内容与质量上有待提高

虽然已有部分职业院校开设了国际化课程，但课程内容多为双语课程或仅在新领域增开了国际方面的课程，缺乏跨文化交流相关的公共课程、吸收国际先进经验的应用技术课程以及引进与专业培养目标相适应的国际职业资格证书课程等。国际化课程的教材选用和编写也存在不足，有计划、有步骤地从发达国家引进最先进的原版教材并进行本土化改造的并不多。与国际先进职业教育相比，我国的教育资源相对滞后，特别是高质量的教学设施和课程内容缺乏，这使得我国职业教育在国际化过程中难以提供具有国际竞争力的教育资源和课程体系。

3. 师资队伍国际化素养不足

师资队伍的国际化素养是影响职业教育国际竞争力的重要因素之一。然而，目前我国职业教育师资队伍中具备国际视野和跨文化交流能力的教师数量相对较少，这限制了我国职业教育在国际上的交流和合作。同时，部分教师在教学方法和理念上可能还存在与国际接轨的问题，需要进一步加强培训。

4. 职业教育质量保障体系不完善

职业教育质量保障体系是确保职业教育质量和水平的重要保障。然而，目前我国职业教育质量保障体系还不够完善，存在评估标准不统一、质量监管不到位等问题。这影响了我国职业教育在国际上的竞争力和被认可度。

（五）国际学术交流与合作能力薄弱

我国职业教育在国际化进程中虽取得一定成绩，但仍面临国际学术交流与合作能力薄弱的严峻挑战。具体表现为：与境外企业或外向型企业深度合作的院校数量有限，组织国际学术会议的院校更是屈指可数；同时，教师赴境外参与学术研讨、学术交流及跨境合作研究的院校也相对较少。这不仅反映出我国职业教育机构与境外先进教育机构在合作深度和广度上的不足，更凸显了学术交流质量与影响力的欠缺。尽管部分职业院校已尝试与境外教育机构合作，但多数项目仍处于初级阶段，缺乏深度交流和实质性合作成果。此外，国际学术交流平台和渠道的有限性，使得我国职业教育难以及时吸收国际先进教育理念、教学方法和研究成果。加上语言和文化差异，以及国际学术交流经验的不足，我国职业教育在国际舞台上的声音和影响力相对微弱。因此，加强国际学术交流与合作，提升我国职业教育的国际竞争力和影响力，已成为当前亟待解决的关键问题。

第三节 职业教育国际化趋势及对我国的启示

一、职业教育国际化未来发展趋势

（一）跨国合作办学

跨国合作办学通过与国际知名教育机构或企业的深度合作，共同设计课程，共享教育资源，旨在培养具有国际视野和跨文化交流能力的高素质技能型人才。这种模式不仅有助于提升职业教育的国际化水平，还能为学生提供更广阔的学习和发展空间。随着技术的不断进步和全球化的加速推进，跨国合作办学将更加注重在线教学和虚拟仿真的应用，以打破地域限制，实现教学资源的优化配置和跨国共享。同时，跨国合作办学也将更加注重培养学生的实践能力和创新能力，以适应国际市场需求的变化。总之，跨国合作办学作为职业教育国际化的重要趋势，将不断提升职业教育的国际竞争力，为全球经济发展注入新的活力。

（二）国际课程互认

在职业教育国际化的进程中，国际课程互认已成为一个关键趋势。通过与国际教育机构建立互认机制，实现学分跨国转换和学历相互认可，为学生提供了更灵活的学习路径和更广阔的发展空间。这一机制不仅优化了职业教育资源的配置和共享，还通过引进国际优质课程资源，提升了职业教育的整体水平和国际竞争力。同时，国际课程互认有助于学生更好地适应国际市场需求，增强其国际就业竞争力。此外，互认机制促使职业教育机构不断更新课程内容，提升教学质量，以适应国际市场的变化，推动职业教育的创新与发展，推动其向更开放、多元和高质量的方向发展。

（三）师资队伍国际化

在全球教育资源共享与融合的背景下，建设具有国际视野和跨文化交流能力的师资队伍，对提升职业教育的国际竞争力至关重要。师资队伍国际化不仅包括引进外籍优秀教师，还涉及培养本土教师的国际意识和能力。通过与国际教育机构的交流合作，职业教育机构能够引进具有丰富教学经验和国际背景的教师，为学生提供多元化的教学体验。同时，通过培训和实践，提升本土教师的国际视野和跨文化交流能力，使其更好地适应国际化教学需求。

推进师资队伍国际化，有助于提升职业教育的整体水平和国际影响力。具有国际视野的教师能够为学生提供更广阔的学习和发展空间，培养学生的国际竞争力和跨文化交流能力。师资队伍国际化还将促进职业教育的创新与发展，推动其与国际接轨，培养更多具有国际竞争力的高素质技能型人才。

（四）技能标准全球化

在职业教育国际化进程中，技能标准全球化成为提升职业教育国际竞争力的关键。职业教育机构需与国际接轨，采用国际通用的技能标准和评估体系，确保毕业生具备国际市场所需的技能和能力。随着全球经济深度融合，跨国企业和国际组织对人才的需求日益多样化，职业教育机构需密切关注国际技能标准动态，及时调整专业设置和课程内容。

技能标准全球化还促进了职业教育机构间的国际合作与交流。通过与国际教育机构、行业协会和企业合作，共同制定和推广国际技能标准，推动职业教育创新与发展。例如，教育部出台职业教育海外办学条件标准、专业标准、人才培养标准和职业资格认证标准等，规范合作项目，提升国际化办学水平。这种以标准为导向的国际化发展模式，不仅提升了职业教育的整体水平和国际影响力，还为全球职业教育发展贡献了中国智慧。

（五）以市场需求为导向

市场需求是引领职业教育国际化发展的重要导向。随着全球经济的不断变化和技术的快速发展，国际市场对人才的需求也在持续演变。职业教育机构必须密切关注国际市场的动态，了解各行业对人才需求的变化，从而调整专业设置和课程内容，确保所培养的人才符合国际市场的实际需求。

这种趋势要求职业教育机构加强与跨国企业、行业协会和国际组织的合作与交流，共同分析市场需求，制定符合国际标准的人才培养方案。同时，注重实践教学和创新能力的培养，提升学生的实际操作能力和国际竞争力。以市场需求为导向的职业教育国际化，不仅有助于提升职业教育的针对性和实效性，为毕业生提供更多就业机会和发展空间，还将推动职业教育机构不断创新，以适应国际市场的变化，提升职业教育的整体水平和国际影响力。

（六）国际合作与交流

随着经济全球化的加速推进，跨国合作与交流在职业教育领域日益深化。合作办学和海外办学成为职业教育国际化的重要形式。

（1）合作办学：通过与国际知名职业教育机构、企业建立合作关系，共同制定课程标准和教学计划，实现教育资源的优化配置和共享。这种模式不仅引入了国外先进的职业教育理念和教学资源，还提升了我国职业教育的国际竞争力，为学生提供了国际交流和实践机会。

（2）境外办学：随着我国企业"走出去"步伐加快，境外办学成为职业教育国际化的另一种重要形式。在境外设立职业院校或培训中心，为当地培养急需的技术技能人才，同时也为我国企业境外发展提供人才保障。

（七）数字技术应用

在信息技术飞速发展的当下，数字技术已成为加速职业教育国际化进程的关键驱动力。数字化教学平台、丰富的在线课程和前沿的虚拟现实技术等，正在重塑职业教育的格局。

在职业教育国际化的舞台上，数字技术不仅极大地促进了跨国教学资源的共享与优化配置，还打破了传统地域限制，使国际学生能够轻松跨越国界，享受全球的高质量教育资源。这种跨越时空的学习方式，拓宽了学生的国际视野，促进了全球教育文化的交流与融合。同时，数字技术的个性化学习功能为每位学生量身定制学习路径，学生可根据自身兴趣、能力和需求自由选择学习内容与节奏，提升学习自主性和满意度。这种以学生为中心的教学模式正在成为职业教育国际化的新趋势。更为重要的是，数字技术为职业教育的创新与变革提供了强大支持。借助大数据和人工智能等技术，职业教育机构能够精准捕捉学生的学习行为和需求，对课程设置、教学方法乃至整个教育体系进行深度优化，实现教育质量的全面提升。

展望未来，随着数字技术的持续演进与创新，职业教育国际化将面临更多的机遇与挑战。职业教育机构须紧跟时代潮流，不断加强对数字技术的应用与创新力度，以更加开放、包容的姿态迎接全球化的教育变革，推动职业教育国际化进程不断迈向新的高度。

二、职业教育国际化趋势对我国职业教育国际化的战略启示

（一）完善政策支持与国际合作机制

职业教育国际化是提升国家教育竞争力的关键。我国政府需加大对职业教育国际化的政策支持力度，制定开放、包容的政策，完善相关法规，为职业教育国际化提供制度保障。政府应鼓励职业院校与国际机构、企业开展深度合作，共同培养具有国际视野和跨文化交际能力的高素质技能型人才。同时，建立健全国际合作机制，积极参与国际职业教育交流与合作，加入国际职业教育组织，共同制定国际职业教育标准和规则，推动国际职业资格证书的互认与流通，提升我国职业教育的国际认可度。

（二）注重市场需求与技能标准全球化

我国职业教育国际化应更加注重市场需求与技能标准的全球化。为实现这一目标，应密切关注国际市场需求的变化，建立职业教育市场调研机制，定期分析国际市场需求的变化趋势，并据此灵活调整专业设置和课程内容。通过与国际化企业、行业协会等建立紧密联系，可以更准确地把握市场脉搏，确保职业教育与市场需求保持同步。同时，积极引入国际通用的技能标准和评估体系，通过与国际标准组织、行业协会等合作，将先进的技能标准和评估体系引入职业教育中，提升我国职业教育的国际认可度，为学生的国际就业和深造提供有力支持。

（三）加强跨国合作办学与课程互认

跨国合作办学能够引入国际先进的职业教育理念、教学方法和管理经验，为我国职业教育注入新的活力。通过与国外优质教育机构的合作，共同开发课程，共享教育资源，提升我国职业教育的国际竞争力。同时，跨国合作办学还能拓宽学生的国际视野，培养他们的跨文化交际能力，为他们未来的国际就业和深造打下坚实基础。在课程互认方面，应积极推动与国际职业教育机构的合作，建立课程互认机制。这不仅可以提升我国职业教育的国际认可度，还能为学生在国际范围内转学、升学和就业提供便利。同时，课程互认还能促进国际职业教育资源的优化配置，实现教育资源的共享与共赢。

（四）推动师资队伍国际化与数字技术应用

在职业教育国际化的进程中，推动师资队伍国际化与数字技术的应用，是提升我国职业教育国际竞争力的重要途径。首先，师资队伍国际化有助于引入国际先进的教育理念、教学方法和管理经验。通过引进外籍教师和开展教师国际交流活动，可以推动我国职业教育与国际接轨，提升教学质量和水平。其次，数字技术的应用为职业教育国际化提供了新的动力和平台。利用数字技术，可以打破地域限制，实现教育资源的全球共享和优化配置。同时，数字技术还能为师生提供更加便捷、高效的学习和交流方式，推动职业教育的创新发展。因此，推动师资队伍国际化与数字技术的应用，是我国职业教育国际化进程中不可或缺的一环。应积极加强与国际教育机构的合作与交流，共同推动师资队伍建设和数字技术应用的发展，为我国职业教育国际化贡献力量。

（五）强化实践教学与产教融合

在职业教育国际化进程中，强化实践教学与产教融合是我国职业教育提升国际竞争力的关键举措。通过实践教学，学生能够在实际操作中锻炼技能，增强解决问题的能力，更好地适应国际市场需求。同时，产教融合则能促进教育与产业的深度融合，为职业教育提供丰富的实践资源和真实的产业环境。为了实现这一目标，应积极推动职业教育机构与企业、行业协会等社会各方面的合作，共同搭建实践教学平台，开发实践教学课程，提高学生的实践能力和职业素养。此外，还应加强与国际职业教育机构的交流与合作，引进国际先进的实践教学模式和产教融合经验，推动我国职业教育实践教学与产教融合的国际化发展。

第三章

职业教育国际化内涵发展因子研究

第一节　职业教育国际化发展理念 及机制研究

一、职业教育国际化发展理念

职业教育国际化是指在全球化背景下，使职业教育的办学理念、内容、模式与国际先进水平接轨，以适应全球经济发展和国际合作的需要，提升本国职业教育质量。在职业教育国际化过程中所遵循的思想观念和基本原则称为职业教育国际化发展理念，具体如下。

（一）平等合作

平等合作是职业教育国际化的基础。在国际合作中，应坚持平等互利的原则，与世界各国的职业教育机构开展广泛的交流与合作。积极借鉴国际先进的职业教育理念、模式和标准，加强与国外职业教育机构的交流与合作，鼓励和支持职业院校师生参与国际交流与合作项目，提升国际化办学水平，并通过共享教育资源、共同开发课程、合作举办学术活动等方式，实现互利共赢，推动全球职业教育的发展。

（二）多元融合

职业教育国际化的发展理念强调多元融合，通过整合不同国家和地区的教育资源、教学方法和教育理念，构建一个开放、包容的职业教育体系。这种多元融合不仅体现在教学内容和形式上，还体现在参与主体和合作模式上。

1. 教学内容融合

职业教育国际化注重将国际先进的教育理念、课程标准和教学方法引入国内，同时将本土特色和优势融入国际教育体系。通过与国际知名教育机构和企业的合作，共同开发课程，实现教育资源的优化配置和共享。这种融合不仅提升了职业教育的质量和国际竞争力，还为学生提供了更广阔的学习和发展空间。

2. 参与主体融合

职业教育国际化强调政府、学校、企业和社会等多方主体的协同合作。政府通过制定政策和提供资金支持，引导职业教育国际化的发展方向；学校作为教育实施主体，负责实施教学和人才培养；企业则提供实践基地和就业机会，确保教学内容与市场需求紧密结合；社会机构则通过参与评估和监督，保障教育质量。这种多元主体的融合形成了一个完整的教育生态系统，共同推动职业教育的持续发展。

3. 合作模式融合

职业教育国际化鼓励开展多种形式的合作，包括跨国合作办学、国际课程互认、师生交流项目等。跨国合作办学通过与国际知名教育机构合作，共同设计课程、共享教育资源，培养具有国际视野和跨文化交流能力的高素质技能型人才。国际课程互认则通过建立学分转换和学历互认机制，为学生提供更灵活的学习路径和更广阔的发展空间。师生交流项目则通过互派留学生和教师，促进不同文化背景下的教育交流与合作。

通过多元融合的发展理念，不仅提升了职业教育的教育质量和国际竞争力，还为学生提供了更广阔的学习和发展空间，为经济社会发展培养了更多具有国际竞争力的高素质技能型人才。

（三）创新驱动

在全球化和知识经济快速发展的时代背景下，职业教育国际化发展面临着前所未有的机遇与挑战。为应对这些挑战并抓住机遇，创新驱动成为职业教育国际化发展的重要理念和关键策略。

1. 理念创新

（1）整体技能化。从注重单向度的技能传授向注重人的多向度发展转变，由培养"岗位人"向"全面人"转变。职业教育的培养目标应从简单操作、单一岗位技能培养，转向培养具备高阶专业技能、多语言能力、数字技能等关键技能的高素质人才。

（2）多元协同化。重视多主体协同与多样化供给，构建多元协同机制，深化产教融合，促进政府、学校、企业和社会等多方力量的紧密合作，确保职业教育内容与市场需求高度契合。

（3）转型数字化。职业教育数字化转型是大势所趋。通过数字技术，打破地域限制，实现教育资源的全球共享和优化配置，为师生提供更加便捷、高效的学习和交流方式。

2. 策略创新

（1）课程与教学创新。引入国际先进的教育理念和手段，进行本土化应用研究，提出适度推进职业院校专业适应性的改革方案。注重学生创新能力和实践能力的培养，将工匠精神与职业素养教育贯穿职业教育始终。

（2）国际合作创新。加强与国际先进职业教育机构的合作交流，学习并引进国外先进的教育理念和技术技能手段。通过"鲁班工坊"等项目，提升我国职业教育的国际影响力。

（3）产教融合创新。构建产教融合共同体，革新传统职业教育资源建设模式。通过与国内外国际化企业携手构建产教融合共同体，共同推进人才培养、技术创新及社会服务等工作。

3. 实践创新

（1）国际办学探索。职业院校应进行国际办学探索与实践，增强"技能报国，跨界融通"的合作意识。以市场需求为导向，关注新型岗位与市场需求变化，注重职业教育课程体系的改革研究成效。

（2）教育资源国际化建设。明确职业教育资源国际化发展的战略目标，做好前期规划，开辟建设路径，持续优化职业教育资源国际化建设。通过共建职业教育国际标准与互认体系，推动国际化课程得到国际社会的普遍认可。

4. 管理创新

（1）国际化管理团队。组建具有国际化视野和管理经验的管理团队，负责职业教育国际化发展的战略规划、资源配置和协调管理。这有助于提升职业教育的国际化水平和综合竞争力。

（2）质量保障体系。建立完善的职业教育质量保障体系，对教学质量、课程设置、师资水平等进行全面评估和监督。这有助于确保职业教育的质量和效果，提升职业教育在国际市场上的声誉和影响力。

（四）质量为本

在职业教育国际化的进程中，"质量为本"是一个核心理念，它涵盖了多个方面，以确保职业教育的高质量和国际化水平。

1. 课程设置与教学内容高质量

（1）与国际接轨的课程体系。职业教育机构应参考国际先进的职业教育标准和课程体系，结合本国实际情况，开发适合本国学生的国际化课程体系。这包括引入国际认可的专业课程和教材，以及与国际教育机构合作共同开发课程。

（2）实用性与前沿性并重的教学内容。教学内容应紧密贴合市场需求和技术发展趋势，注重实用性和前沿性的结合。通过与企业、行业协会等合作，定期更新教学内容，确保学生学到的知识和技能与国际市场需求保持同步。

2. 师资队伍专业化与国际化

（1）高水平的教师队伍。职业教育机构应拥有一支具备专业素养、教学经验、国际视野的教师队伍。这支队伍应具备扎实的专业知识，能够运用先进的教学方法和技术手段进行教学。

（2）教师的国际化培训与交流。鼓励教师参加国际学术会议、访学交流等活动，提升他们的国际视野和跨文化交际能力。同时，引进外籍教师或专家，为学生提供多元化的教学体验。

3. 实践教学与产教融合深度实施

（1）强化实践教学环节。通过建设实训基地、开展校企合作等方式，为学生提供丰富的实践机会。实践教学应注重培养学生的实际操作能力和解决问题能力，使他们能够更好地适应国际市场需求。

（2）深化产教融合。推动职业教育与产业深度融合，建立紧密的产学研合作关系。通过与企业合作开展技术研发、人才培养等活动，促进教育与产业的良性互动。

4. 质量评估与持续改进机制

（1）建立完善的质量评估体系。制定科学合理的评估标准和指标体系，对职业教育的质量进行全面评估。评估应涵盖课程设置、教学内容、师资队伍、实践教学等多个方面。

（2）持续改进机制。根据评估结果，及时发现问题并采取有效措施进行改进。同时，建立反馈机制，收集学生、企业等各方面的意见和建议，为持续改进提供依据。

5. 国际合作与交流平台的搭建

（1）加强与国际教育机构的合作。与国际知名职业教育机构建立合作关系，共同开展课程开发、教学交流等活动。通过合作，引进国际先进的教育理念和方法，提升本国职业教育的国际化水平。

（2）搭建国际合作与交流平台。积极参与国际职业教育交流与合作项目，搭建国际合作与交流平台。通过平台，促进国内外职业教育机构之间的信息共享、经验交流和资源共享。

二、职业教育国际化发展机制

（一）政策与制度支持

1. 制定国际化发展政策

明确职业教育国际化发展的目标和任务，制定具体的政策措施，为国际化发展提供有力支持。这包括但不限于设立专门的国际化发展基金，鼓励和支持职业院校开展国际交流与合作项目。同时，制定和完善支持职业教育国际化发展的政策法规，为国际化办学提供坚实的政策保障，确保各项国际合作活动有法可依、有章可循，进一步推动职业教育与国际接轨，提升职业教育国际竞争力。

2. 完善制度保障体系

制定国际化发展政策，首先需要明确职业教育国际化发展的长远目标和阶段性任务，以此为导向，制定具体、可行的政策措施，为国际化发展提供全方位、多层次的有力支持。这包括资金扶持、人员培训、国际合作项目推进等多个方面。同时，制定和完善支持职业教育国际化发展的政策法规体系，为国际化办学提供坚实的政策保障；还要注重政策的灵活性和前瞻性，以应对国际形势的变化，确保职业教育国际化进程的稳健与可持续。

3. 加强监管与评估

加强监管与评估，是保障职业教育国际化发展质量和效果的关键环节。一方面，要建立健全国际化发展的监管机制，对国际化项目的实施过程、资金使用、合作成效等方面进行全方位、多层次的监督和管理，确保各项国际化活动严格按照规划推进，避免出现偏差或浪费资源。另一方面，要定期开展职业教育国际化的评估工作，通过科学的评估指标体系和评估方法，对职业教育国际化发展成果进行客观、全面的评价，及时发现存在的问题和不足，提出针对性的改进措施和建议，确保职业教育国际化发展的质量和效果不断提升。同时，还要注重将监管与评估的结果与职业院校的绩效考核、资源配置等挂钩，形成有效的激励机制，推动职业院校积极参与国际化项目，不断提升自身的国际竞争力。

（二）交流合作机制

为确保职业教育国际化顺利进行，需要制定平等互利、互相尊重、合作共赢等基本原则，以确保职业教育国际化发展过程中的公正性和可持续性。同时，国际交流原则还应根据职业教育的特点和需求具体制定，以更好地服务于职业教育国际化发展的实际需求。

1. 学生国际交流促进

学生国际交流作为职业教育国际化发展的重要一环，其意义深远且重大。为有效促进这一进程，可采取一系列多元化且富有成效的措施。首先，开展丰富多彩的国际学生交流项目，为学生提供与海外学子直接互动、共同学习的宝贵机会。这些项目不局限于短期的学术研讨或文化交流，可延伸至长期的学分互换、联合培养等深度合作形式。其次，积极鼓励学生投身于国际实习和志愿服务活动，让他们在实践中锻炼自己，亲身体验异国的工作环境和文化氛围。这些实践经历不仅能增强学生的职场竞争力，还能拓宽他们的国际视野，培养他们跨文化交流能力和团队协作精神。更重要的是，学生国际交流在促进文化交融与教育合作方面发挥着桥梁作用。它搭建起一座连接不同国家和地区教育体系的桥梁，推动职业教育资源和理念的互鉴共享。通过学生的互动交流，可以更深入地了解各国职业教育的特色与优势，为职业教育国际化提供新的思路和启示。同时，这也为不同国家之间的教育合作与交流奠定了坚实的基础，助力构建更加开放、包容、共赢的国际职业教育合作格局。

2. 教师国际化培训

教师国际化培训是提升职业教育国际化整体水平的核心要素。为了全面提高教师的国际素养和教育教学能力，可以采用多元化的培训模式，具体包括：①组织国际学术会议，鼓励并支持教师积极参加国际教育领域的高水平学术会议，这不仅能让他们及时获取国际教育的最新动态和研究成果，还能通过与会者的深入交流，拓宽视野，激发创新思维；②实施海外访学与研修，为教师提供赴海外知名大学或研究机构进行短期或长期访学、研修的机会，使他们能够亲身体验不同国家的教育环境，深入学习国际先进的教育理念和教学方法，从而丰富教学内容，提升教学水平；③开展国际合作研究项目，促进教师与国际同行合作，共同申请并开展国际合作研究项目。这种深度合作不仅能加深教师之间的相互了解和友谊，还能在科研合作中提升教师的国际影响力和学术水平，进一步推动职业教育国际化的发展进程。

3. 国际合作办学创新

国际合作办学是推动职业教育国际化发展的重要驱动力，其持续的创新与发展对于提升教育质量和国际竞争力至关重要。为了有效增强国际合作办学的成效，可采取多元化策略，包括积极拓展与国外顶尖教育机构的合作，共同开展涵盖广泛专业领域的合作办学项目，并深度整合双方优质教育资源。同时，与国外合作伙伴紧密协作，共同研发既符合国际市场需求又融合双方教育特色的课程和教材，旨在引入国外先进的教育理念和方法，同时保留并弘扬本土职业教育的独特优势，从而显著提升教学内容的国际化水平和实用性。

（三）课程建设机制

1. 制定课程国际化发展规划，明确课程建设的目标和方向

（1）总体目标。在制定课程国际化发展规划时，首要任务是明确总体目标，即清晰地界定开发国际化课程的宗旨是培育学生的全球意识、跨文化交流能力及国际竞争力等国际素养和能力。随后，进一步细化规划内容，确保课程建设有明确的方向指引和具体实施路径，以有效推动课程的国际化发展，为学生的国际化人才成长奠定坚实基础。

（2）具体能力指标。在制定课程国际化发展规划的过程中，除了明确总体目标外，还需进一步细化这些目标为具体且可衡量的能力指标。具体能力指标的确立至关重要，它要求将全球意识、跨文化交流能力及国际竞争力等抽象目标转化为具体的、可量化的能力培养点，例如提升学生的语言能力，使其能够流利地进行国际交流；增强学生的文化理解能力，使其能够深入理解和尊重不同文化背景；培养学生的国际规则意识，使其能够熟悉并遵守国际通行规则。这些具体能力指标的设定能够更精准地指导课程建设，确保学生在国际化课程中能够获得实质性的成长与进步。

2. 组建国际化课程建设团队，明确团队成员的职责和任务

（1）引进外籍教师。积极聘请那些拥有丰富国际教学经验的外籍教师加入团队，他们不仅具备扎实的专业知识，而且更重要的是能够为学生带来独特的多元文化视角，让学生在课堂上就能感受到不同文化的碰撞与融合。这些外籍教师的加入，不仅丰富了教学资源，还极大地提升了课程的国际化水平和吸引力，使学生能够在更加开放和包容的学习环境中成长，为将来的国际职场竞争打下坚实基础。

（2）本土教师培训与发展。重视提升本土教师的专业素养，通过专业技能培训，确保其紧跟学科前沿。同时，鼓励教师更新教育理念，融入国际化视角，加强语言与跨文化沟通培训，拓宽国际视野，适应全球化教育环境。在教学上，倡导创新与实践，激发学生的学习热情，培养其批判性思维和解决问题的能力。此外，还需关注教师的心理素质，提升其情绪管理和压力应对能力，以维护良好教学氛围；加强信息技术培训，提高教学效率和质量；协助教师进行职业发展规划，明确国际化成长路径；通过实践经验分享，促进相互学习，形成共同成长的氛围。最后，需要强化团队协作与沟通，构建高效和谐的团队，共同推动国际化课程建设迈向新高度。

（3）建立激励机制。建立激励机制旨在通过制定相关政策，激励教师积极参与国际化课程建设和教学。具体而言，设立科学合理的绩效评价体系，客观公正地评估教师的工作成果；提供丰富的职业发展机会，包括国内外学术交流、进修学习等，拓宽教师的国际视野，提升教师的教育教学能力。同时，实施公正的奖惩措施，既表彰优秀，又鼓励进步，充分激发团队成员的积极性和创造力。这一激励机制的建立，不仅加强了师资队伍建设，提高了教师的国际化水平，更能推动国际化课程建设团队不断向前发展，为实现既定目标提供有力保障。

3. 构建国际化课程体系机制

（1）整合课程资源。整合课程资源包括搜集和筛选国内外优质课程资源，确保课程内容的丰富性、前瞻性和实用性。通过与国际知名教育机构和专家合作，引进先进的教学理念和教材；同时，挖掘本土文化资源，融入国际课程，打造具有中国特色的国际化课程体系。此外，建立课程资源共享平台，促进资源的优化配置和高效利用，为师生提供丰富多样的学习资源和互动空间，推动国际化课程体系的持续发展和完善。

（2）跨学科设计。跨学科设计旨在打破学科壁垒，促进知识融合与思维拓展，培养学生综合运用多学科知识解决实际问题的能力。通过整合不同学科内容，设计跨学科的课程模块和项目，使学生能够从不同角度深入探索和理解问题，培养其全球视野和跨文化交流能力。同时，跨学科设计也促进了教师之间的合作与交流，提升了教学团队的综合素质，为国际化课程体系的创新与发展注入新的活力。

（3）实时调整优化。面对快速变化的国际形势和教育需求，课程体系必须保持灵活性和前瞻性。通过定期评估课程实施效果，收集师生反馈，结合国际教育发展趋势，对课程内容、教学方法和评价体系进行实时调整和优化。这不仅确保了课程体系的时效性和实用性，也促进了学生的全面发展和国际竞争力的提升。同时，实时调整优化也为教师提供了持续学习和专业发展的机会，推动了国际化课程体系的不断完善和进步。

（4）实施国际化教学策略。在适当年级和科目中引入双语或多语教学，并通过模拟国际环境、举办国际文化日等活动实施文化沉浸式教学，让学生亲身体验多元文化。同时，与国外学校建立合作关系，开展师生互访、联合培养等项目，促进国际交流与合作。在此过程中，实施国际化教学策略尤为关键，它要求融合国际先进的教学理念和方法，鼓励学生参与国际项目，培养学生跨文化沟通能力，并注重创新思维和批判性思考的培养。通过案例分析、小组讨论等互动方式，激发学习热情，提升学生解决复杂问题的能力，为学生未来在国际舞台上的竞争奠定坚实基础。

4. 完善国际化课程评估机制

（1）多元化评估方式。多元化评估方式旨在通过多维度、多层次的评估手段全面反映学生的学习成效。除了传统的笔试和作业外，还应引入项目作业、口头报告、团队协作、自我反思等评估方式，以及利用现代技术手段进行在线评估和即时反馈。这种多元化的评估方式不仅能够更准确地衡量学生的综合能力，还能激发学生的学习兴趣和创造力，推动国际化课程质量的持续提升。

（2）国际标准对接。国际标准对接意味着将国际公认的教育标准和评估体系纳入本校的课程评估之中，确保评估结果的国际可比性和认可度。通过与国际标准接轨，学校可以更加清晰地了解学生在全球范围内的学习水平和竞争力，为课程内容的优化和教学方法的改进提供科学依据。同时，这也为学生未来的国际交流和深造打下了坚实的基础，增强了课程的国际吸引力和竞争力。

（3）持续改进与反馈。在评估过程中，不仅要关注学生的表现，更要注重评估结果的深度分析和及时反馈。通过定期的评估反馈会议、个别访谈、学生调查等方式，收集多方意见和建议，及时发现问题和不足，并据此进行课程内容和教学方法的持续改进。这种持续改进的循环机制，有助于确保课程始终与国际教育前沿保持同步，不断提升课程的质量和效果，满足学生的多元化需求。

（4）引入国际认证。引入国际认证是提升课程质量和国际影响力的关键步骤。通过申请并获得国际权威教育机构的认证，可以客观证明课程的国际化水平和教育质量，增强课程在国际教育市场的竞争力。国际认证过程通常涉及严格的自我评估、外部审核和持续改进等环节，这不仅能促使学校不断优化课程设置和教学方法，还能拓宽师生的国际视野，提高师生的跨文化交流能力，为学校的国际化进程注入新的动力。

（四）师资培养机制

1. 目标明确化

在职业教育国际化的师资培养过程中，首先需要明确培养目标。这些目标应涵盖教师的国际视野、跨文化交流能力、教育教学能力及专业技能等方面。同时，结合学校的办学特色和国际化战略，制定具体的培养目标和计划，确保教师培养工作的针对性和实效性。

2. 引进与选拔

引进与选拔优秀的国际化教师是师资培养机制的重要环节。学校应积极拓宽引进渠道，通过国际招聘、合作项目等方式吸引具有丰富教学经验和国际化背景的优秀教师。在选拔过程中，应注重考查教师的专业素养、国际视野、教育教学能力及团队合作精神等方面，确保引进与选拔的教师符合学校的国际化发展需求。

3. 培养与发展

对于已入职的教师，学校应建立完善的培养与发展机制。首先，为教师提供国际化培训和学习机会，如参加国际学术会议、访学交流等，帮助教师了解国际先进的教育理念和教学方法，提高他们的国际化水平和教育教学能力。其次，鼓励教师参与国际合作项目和研究，拓宽他们的国际视野和专业领域，提高其科研能力和创新精神。此外，学校还应为教师提供良好的发展平台，支持他们申报科研项目、发表论文、出版著作等，提升他们的学术地位和影响力。

4. 激励机制

建立激励机制是激发教师积极性和创造性的重要手段。学校应根据教师的教学成果、科研成果及国际交流经验等，设立相应的奖励措施，如职称晋升、岗位津贴、奖金等，激励教师积极投身国际化教学和科研工作。同时，学校还应关注教师的个人发展需求，为其提供个性化的职业发展指导和服务，帮助他们实现职业规划和价值追求。

5. 团队建设

团队建设是提高师资队伍整体水平和凝聚力的关键。学校应重视团队建设，鼓励教师之间的合作与交流，形成良好的学术氛围和团队精神。通过组织定期的学术研讨会、教学研讨会等活动，促进教师之间的学术交流和经验分享，提高教师的教学水平和科研能力。同时，学校还应加强与国际教育机构的合作与交流，推动教师团队与国际接轨，提高教师团队的整体水平和国际竞争力。

6. 监督与评价

建立监督与评价机制是确保师资培养机制有效运行的重要保障。学校应建立完善的监督与评价体系，对教师的教学工作、科研成果及国际交流经验等方面进行全面、客观的评价。通过定期的教学评估、科研评审及国际交流经验分享等方式，了解教师的成长和发展情况，发现问题并及时进行整改。同时，学校还应将评价结果作为教师晋升、奖励的重要依据，确保师资培养机制的公平性和有效性。

（五）质量监控机制

1．监测与评估体系

（1）构建全面的评估框架。为了确保职业教育国际化发展的高质量推进，需设立包含教学质量、师资力量、教学资源配置、学生学习成果及满意度反馈等多个核心维度的全面评估框架，旨在通过多维度的考量，全面覆盖并精准评估职业教育国际化发展的各个方面，为持续优化与改进提供坚实的数据支撑和决策依据。

（2）定期评估与反馈。为确保职业教育国际化项目的持续发展与优化，需要建立定期评估机制，通过收集和分析数据、信息，形成详细的评估报告，并及时、准确地反馈给相关部门和人员，以便他们根据评估结果做出调整和改进，从而不断提升职业教育国际化项目的质量和效果。

（3）引入第三方评估。为了进一步提升职业教育国际化项目的评估质量和公信力，需要积极邀请国内外知名的教育评估机构参与评估工作。这些第三方评估机构以其专业的评估能力和丰富的经验，提供了更为公正、客观的评估结果，有助于更准确地了解项目的实际情况，为后续的改进和提升提供有力的支持。

2．监督与指导机制

（1）设立监督机构。成立专门的监督机构，负责全程监督职业教育国际化项目的实施情况，确保项目按照既定目标和计划顺利推进，及时发现并纠正问题，为项目的高质量实施提供有力的监督和指导保障。

（2）定期巡视与检查。建立定期巡视与检查制度，要求监督机构对项目进行现场巡视和全面检查，及时发现潜在问题并提出改进建议，确保项目严格按照既定目标和计划稳步推进，为项目的成功实施提供坚实保障。

（3）提供指导与支持。为职业教育国际化项目提供包括政策咨询、教学建议、资源整合等在内的全面指导与支持。通过组织专家讲座、经验分享会等活动，引入最新的教育理念、教学方法和管理经验，助力项目团队不断提升专业能力，确保项目高质量实施并持续发展。

3．信息公开与透明

（1）公开项目信息。将职业教育国际化项目的相关信息进行公开，包括项目目标、计划、进度、成果等，增强透明度。

（2）建立信息交流平台。建立信息交流平台，方便教师、学生、家长等各方了解职业教育国际化项目的最新动态和进展。

（3）接受社会监督。鼓励社会各界对职业教育国际化项目进行监督和评价，提高项目的社会认可度和影响力。

4．国际化师资监控

（1）制定国际化师资标准。在标准中明确规定了国际化师资的基本要求，涵盖语言能力、跨文化交流能力及国际教学经验等关键方面，确保师资队伍能够胜任国际化教学任务，推动教育国际化进程。

（2）建立师资评估体系。构建全面的师资评估体系，通过对教师的教学背景、语言能力、教学成果及学生评价进行综合考量，确保师资队伍的质量与国际接轨，推动职业教育国际化水平的持续提升。

（3）加强师资培训。重视师资培训，定期组织教师参加国际教学研讨会、海外研修等活动，提升其国际视野和教学能力，确保师资队伍的持续发展，为国际化教学提供坚实的人才保障。

5. 教学质量监控常态化

（1）建立教学质量标准。为了确保教学质量达到国际化标准，需建立一套明确的教学质量标准。在这些标准中详细规定教学质量的基本要求，从课程设计到教学方法，再到学生评估，全方位覆盖。通过这些标准，为职业教育国际化发展提供有力的质量保障，确保学生在接受国际化教育的过程中，能够获得高质量的学习体验和成果。

（2）实施教学质量监控。为了确保教学质量常态化，必须实施严格的教学质量监控。这一监控机制应对国际化教学过程进行实时监控，从课堂互动到学生学习进度全方位把控。通过这种方式，确保教学质量始终符合既定的标准和要求，为学生提供高质量的学习体验。

（3）持续提高教学质量。根据教学质量监控结果，及时发现教学过程中存在的问题和不足。针对这些问题，迅速采取行动进行改进，从而推动教学质量的持续提升，确保学生能够获得更加优质的教育服务。

6. 内部监控机制

（1）设立内部监控部门。为确保职业教育国际化项目的质量和效果，应设立专门的内部监控部门。该部门负责全面监控项目的实施过程，确保各项任务按计划推进。通过专业的监控和评估，内部监控部门能够及时发现并纠正项目中的问题，保障项目的顺利进行。

（2）制定内部监控规范。为了提升内部监控工作的质量和效率，须制定明确的内部监控规范。在这些规范中详细规定了监控的程序和要求，确保监控工作的每一步都符合既定标准。通过规范的实施，确保内部监控工作能够更加有序、有效地进行，为职业教育国际化项目的成功提供有力保障。

（3）加强内部沟通协作。在内部监控机制中，加强沟通协作至关重要。通过定期召开会议、分享信息等方式，确保各部门之间沟通顺畅。良好的内部沟通协作能够提升工作效率，及时解决问题，推动职业教育国际化项目的顺利发展。

7. 教学资源监控

（1）优化资源配置。为确保职业教育国际化项目的顺利运行，优化资源配置是首要任务。通过科学规划和精心安排，将有限的教学资源进行合理分配，满足项目各方面的需求。优化资源配置，不仅能提高资源的使用效率，还能为项目的成功实施奠定坚实基础。

（2）建立资源评估体系。在教学资源监控方面，建立资源评估体系是重要一环。该体系通过对教学资源进行定期的评估和审计，确保资源的充足性和高效性。通过评估，可以及时发现资源短缺或低效使用的问题，并采取相应的措施进行改进和优化，从而保障职业教育国际化项目的顺利进行。

（3）更新和维护资源。教学资源需要不断更新，以匹配项目在全球市场的扩展需求。及时维护国际化教学资源，是确保其支持项目全球化战略的关键。为确保项目在全球市场的持续发展，应致力于国际化资源的更新维护。

第二节　职业教育国际化师资队伍建设研究

一、国际化师资双语能力培养研究

随着国家社会经济发展和国际影响力提升，我国职业教育国际化发展迅速，教育国际交流与合作日益频繁，教育对外开放成为国家战略。2016 年，中共中央办公厅、国务院办公厅印发了《关于做好新时期教育对外开放工作的若干意见》，标志着我国教育对外开放事业进入提质增效阶段。在此背景下，国家对高等职业教育国际化提出了明确要求，同年教育部印发的《推进共建"一带一路"教育行动》赋予职业教育"走出去"重要使命，2019年，国家"双高计划"要求高职院校切实提升国际化办学水平，积极参与"一带一路"倡议和国际产能合作，培养国际化技术技能人才。2020 年，教育部等九部门联合印发《职业教育提质培优行动计划（2020—2023 年）》，提出"职业教育服务国际产能合作行动"，"提升职业教育国际影响力"。2021 年，《中华人民共和国国民经济和社会发展第十四个五年规划和 2035 年远景目标纲要》提出"加强教育领域对外合作与援助，开展职业教育国际合作是参与全球教育治理的重要内容"。2022 年 5 月 1 日起施行修订的《中华人民共和国职业教育法》，其中第十三条明确提出"国家鼓励职业教育领域的对外交流与合作"，从法律层面确立了职业教育国际化的地位。

职业教育国际化内容丰富、种类繁多、形式多样，涉及留学生教育、外籍人员培训、中外合作办学、境外办学等国际化办学业务，其最终目标是国际化技能人才培养，其核心是教育教学。与普通高等教育相比，职业教育国际化起步晚，师资力量比较薄弱，因而在国际化办学的具体实施过程中，对国际化师资的培养也更为急切，专业课程师资的双语能力培养是高等职业院校国际化发展的基础和坚实保障。从海外优质职业教育资源的引进与借鉴，到国际化教育教学资源开发、课程教学组织与实施，一支具有国际化视野、国际化水平、国际化教学能力的双语教师队伍至关重要，不仅关系到国际教育项目的成效与质量，而且最终关系到中国职业教育品牌形象与职业教育国际影响力。因此，积极探索符合职业教育特点的专业教师双语能力培养意义重大。

（一）双语能力内涵

双语能力培养首先需要精准把握其内涵。很多人认为，在国际教育中所需的双语能力就是指用中文和一门外语开展教学的能力，将双语能力等同于双语教学能力。在高职院校，主管师资培养的部门一般是人事部门或教师发展中心，这也导致相当一部分人认为专业课程教师在具备汉语能力的基础上再兼备一定的外语水平，就具备了双语能力，从而可以胜任双语教学，这是一个认识误区，它将双语能力与双语教学能力两个概念混淆了。

双语教学能力与双语能力密切关联，但存在很大的区别，是两个不同的概念。双语教学能力是专业教师在专业教学课堂中使用中文和第二语言进行课程教学的能力，对高职教师而言，是其在国际教育合作项目中对专业课程采用的"中文+外文"（大多是英文）或者全外文教学的能力；而双语能力指高校专业教师在教育国际化过程中，从国际教育合作项目开发到组织实施中用双语开展相关活动的能力。因此，相对于双语教学能力，双语能力有着更加丰富的内涵。从语言的本质属性出发，结合职业教育的特征及国际化办学实践，教师的双语能力除了具备一定的外语水平之外，至少涵盖其他五个方面的内容：第一，由于语言与文化之间的关系，需要熟悉中外文化与思维的差异，拥有多元的文化意识，尊重、理解和包容异国文化的传播和发展[1]；第二，在具有扎实的专业理论与技能的基础上，掌握科技文献的文体特征及相关领域技术的外语词汇；第三，能用中文和外语熟练开展专业课程理论与实践技能的教学，开展科研工作并参与国际学术交流；第四，具有在专业领域开展技术资料笔译、现场口译等工作的能力，具有一定的翻译基础知识与技能；第五，具有良好的专业技术写作能力，能开发国际教育活动中所需的课程及教学资源。

（二）双语能力培养的价值内涵

1. 为国际化人才培养提供师资保障

在全球经济交往日益频繁，尤其在"一带一路"倡议背景下，我国高职教育急需培养具有一定国际视野、有中国文化情怀的国际化技术技能人才[2]，而在国际化人才培养过程中，涌现了大量双语课程，具有双语能力的专业教师队伍成为双语课程教学的主体和人才培养的主力军。在这一过程中，他们制订国际化人才培养方案，承担双语课程教学任务，开发双语课程、编写双语教材、制作双语微课等课程资源。提升专业教师双语能力，打造一支高素质国际化师资队伍，能实实在在解决双语课堂"谁来教""教什么""怎么教""教得如何"的问题，更是保证国际化人才培养质量的关键。

2. 为教育国际化提供专业翻译人才

2022年4月，全国人大常委会修订了《中华人民共和国职业教育法》，鼓励职业教育领域的对外交流与合作，支持引进境外优质资源发展职业教育，鼓励有条件的职业教育机构赴境外办学，确立了职业教育国际化的法律地位。在这一背景下，高等职业院校国际化进程加速推进，各类国际化办学项目和国际交流与合作项目快速增多，频繁的国际交往迫切需要一支能跨文化交流、具有专业翻译能力的队伍。通过提升专业教师的双语能力，培养具有相当翻译水平的专业教师队伍，就能克服语言类翻译教师不懂专业的缺陷。在海外优质教育资源引进、外籍人员培训、境外办学、援外教育等国际交流与合作项目中，从项目洽谈、开发到实施，这支团队是专业翻译的中坚力量。

3. 提升服务中国企业"走出去"能力

随着开放崛起战略的实施，中国"走出去"的企业日渐增多，成为促进在地经济发展、提

① 孙立轩，张晓恬. 教育国际化背景下国际双语师资培养模式探究[J]. 黑龙江科学，2017，8（9）：174–175.
② 齐迹."一带一路"倡议下高职双语师资培训能力提升研究[J]. 英语广场（下旬刊），2018（6）：50–51.

升中国影响力的重要力量。2014 年,《国务院关于加快发展现代职业教育的决定》(国发〔2014〕19 号)要求"推动与中国企业和产品'走出去'相配套的职业教育发展模式"。对高职院校而言,至少可以从三个方面提升服务能力:一是根据"走出去"企业的要求,培养企业所需的、能在海外胜任相关岗位的技术技能人才;二是为"走出去"企业所在地国家培养或在中国以留学生方式培养其所需的了解中国技术、中国标准、中国设备的海外技术工人队伍;三是以校企合作方式将企业相关技术、产品标准与职业教育标准打造成海外当地标准,甚至国际标准。无论是哪一个层面,从人才培养、技术服务到标准制定与推广,都需要一支具有中国情怀、专业过硬、技术精湛的高素质专业教师队伍,这支队伍更需要具备国际视野、通晓国际规则、能跨文化交流的双语能力。

(三)高职院校专业教师双语能力培养原则

1. 以点带面,稳步推进

职业教育培养的是满足行业、企业需要的技术技能人才,产教融合、校企合作是现代职业教育的基本特征,也是职业教育国际化发展需遵循的基本原则,教师的双语能力培养同样离不开这一原则。高职院校专业教师双语能力培养包括外语语言能力、国际化意识、跨文化交际等理论层面的学习与培养,同时还需要深入行业,主动与国内外国际化企业、国内"走出去"企业开展深度合作,深入具体的岗位,实现双语能力培养的理论与实践结合。

2. 产教融合,校企合作

职业教育培养的是满足行业、企业需要的技术技能人才,产教融合、校企合作是现代职业教育的基本特征,也是职业教育国际化发展需要遵循的基本原则,教师的双语能力培养同样离不开这一原则。

3. 专英融合,相辅相成

国际教育的根本在于国际化人才培养,而人才培养的核心内容是专业技术技能,因此,对教师的基本要求和前提是其专业素养,只有在这一前提下去培养双语能力,才能取得最佳效果。不过,从现实的情况看,也有部分优秀的英语教师长期从事"专业英语"课程教学,他们通过专业学习、企业顶岗等多种途径具备了相当的专业知识与技能,也具备了部分专业基础课程的双语教学能力,并且他们的国际化素养与专业教师相比具有先天优势。以专业教师为主体,适当以语言教师为辅,组成国际化教学团队,可起到相辅相成的作用,还可以在一定程度上加速专业教师双语能力的形成。

(四)高职院校专业教师双语能力培养途径

双语教师培养是一个复杂的过程,需要多主体长期协同培养和社会行业力量的支持,既需要学校层面的内部协调,又需要国际化企业的外部协作,在地域上需要境外培养与国内培养相结合,在内容上需要理论与实践层面相融合。对管理层而言,最重要的是创造、提供教师双语能力提升机会,通过各种途径,实现双语能力培养与实践水平的提升。

(1)境外进修与培训。高职专业教师双语能力提升的最有效途径是学校提供境外进修机会。学校应通过鼓励各种形式的境外研修、访学、培训,甚至学历提升来促进教师双语能力的提升，以满足产业发展急需专业、纳入双高建设规划专业、具有优势和特色专业的国际化教学需要为主要培养方向，选派教师赴境外进修、开展各种形式的培训。为确保培养效果，首先要择优选派，可以在自愿报名的基础上设定报名条件、限制诸如外语水平、学历、年龄、职称、专业需求，以及已有教学改革成果、专业与课程建设成果等。其次，对境外培训地的选择，应首选职业教育发达且以外语为母语的国家。最后，对访学研修对象尤其是持续时间较长的教师，要进行严格的管理与考核。

（2）国内专业机构双语培训。高职专业教师双语能力培养的途径之一是聘请国内专业培训机构，对双语教师进行针对性的双语能力培训，可以通过分散与集中、脱产与不脱产相结合的方式进行。培训的内容主要包括语言学、国际化及教育学等相关主题：语言学方面是对双语教师在听、说、读、写、译等方面的弱项进行针对性的培训；国际化方面针对国际交流中的文化层面，拓宽双语教师的国际视野，培养跨文化交际意识，理解字里行间所蕴含的文化与思维方式，培养他们理解、尊重多元的跨文化交际理念；教育学方面，从双语教学及教研教改的角度，对双语课程开发，双语教学模式、内容、方法、手段，双语资源的制作，课程评价等方面进行培训，也可以拓展到双语体制机制、师资队伍、评价体系等领域。

（3）基于"专英融合"的校内培养。校内培养是高职专业教师双语能力提升的重要补充，最直接有效的方式是专业教师与外语教师的"专英融合"交流。例如，通过建立专业群英语教研室，英语教师进专业教研室一起开展教研活动，一起探讨，互相学习，共同提高。这种融合使专业教师往国际化方向发展，使英语教师补充专业知识、提升专业水平，形成"专业教师+外语""外语教师+专业"的双语能力培养模式，能够有效培养双语教师团队。有条件的学校，可以将海归专业人员纳入教师队伍，海归教师有效地融合了专业与外语的知识与技能，在外语口语交流、外国文化及思维方式等方面具有得天独厚的优势，因此，在双语教学上能够驾轻就熟；海归教师还能引导学生全面了解该学科知识、技能的国际发展动态及最新前沿，引导学生了解中外文化内涵及差异，因此，海归教师是我国高校双语教学理想的师资来源。

（五）高职院校专业教师双语实践能力培养

1. 依托院校国际化合作项目开展双语实践

双高院校的项目有中外合作办学项目、涉外培训项目、中外学历联合培养项目、境外办学项目等，需依托这些项目，以学院双语教师为主导，完成项目接洽过程中的翻译、双语教学、涉外培训等实践活动，并形成激励机制，对参与中外合作办学项目的教师，在双师型教师评定、职称评审方面给予倾斜，鼓励专业教师大力参与这些项目，使得专业教师的双语能力大幅度提高，例如，湖南铁道职业技术学院筹建肯尼亚铁道国际学院，其双语教师队伍为肯尼亚"蒙内铁路"培训当地员工，他们在海外的工作经验能让他们拓宽国际视野，真正体验"一带一路"共建国家的不同文化，利用外语进行知识和技能的海外传播，传播中国影响力，既极大锻炼了双语教师的业务能力，又形成中国职教影响力。

2. 依托外向型企业开展双语实践

2022年10月，教育部办公厅发布《关于做好职业教育"双师型"教师认定工作的通知》（教师厅〔2022〕2号），在通知中再次强调教师能力提升在职业教育中的重要性，要求通过各类渠道赋能教师，打造优质师资团队。在职业教育国际化背景下，"双师型"教师队伍需要有一批具有双语能力的教师，可利用外向型企业顶岗实践的成长路径，深化校企合作机制，在已有"双师型"教师队伍中培养双语师资力量。一方面，通过顶岗实践，了解外向型企业的日常工作，感受外向型企业的真实外语能力需求；另一方面，参与到外向型企业的真实项目当中，获得更多的实践机会。同时，学校与企业之间需要采用"双向共培""双方互研"机制，组织"专兼结合"的"双语团队"项目，形成学院双语教师与外语能力强的企业导师之间紧密融合、精准对接、互派互访的常态化交流机制。

职业教育高质量发展的一个显性表征，必然是服务中国职教品牌国际化，服务中国企业走向世界舞台，这对高职专业教师的双语能力提出了紧迫需求。各高职院校需大力推进专业教师双语能力培养，打造一支"精通专业与英语"的"双语双能"师资团队。教师双语能力培养是一个完整的体系，需要强化职业教育国际化意识；需要充分认识双语教师、双语能力培养的重要性；需要营造良好的氛围，制订双语教师培养计划、方案，完善相关文件、制度，采取有效措施，建立激励机制。在实施过程中，相关部门要协调配合，创造教师学习、提升的有利条件，还要有充分的资金保障。

二、国际化师资双语能力评价指标体系研究

近年来，国家关于职业教育对外开放的文件层出不穷，职业教育国际化背景下高职院校"走出去"的呼声越来越高。职业教育国际化是响应国家教育对外开放战略的需要，也是我国高等职业教育自身内涵发展的需要。职业教育国际化发展，一方面需要引进、吸收职业教育发达国家的优质教育资源与发展经验，加强职业教育建设标准、认证体系与国际接轨；另一方面，中国职业教育经过多年发展建设，已形成比较完善的体系，涌现出了一批优质高职院校的特色专业，具备也急需走出国门，提升国际影响力。无论是优质资源的引进，还是中国职教的输出，都需要有一支"外语熟练、专业精通"具备双语能力的专业教师队伍。

当前，部分高职院校已经初步建成一支尚具规模的外语与专业扎实、理论与技能兼备的专业教师队伍，但在国际化素质方面还存在国际化意识不强、双语能力不足、跨文化交流能力有限等问题，其国际化传播水平还有待进一步提升。只有建立一套科学、完善的双语能力评价指标体系，对其进行正确引导，才能有效解决职业教育国际化过程中出现的问题，然而当前大部分高职院校尚未建立起这样一套双语能力评价指标体系，因此，从学校层面，怎样快速建立一支"能翻译、善交流、精上课"专业教师团队，怎样根据教师个人情况快速提升个人的双语能力，都尚无完整答案，因此很有必要对高职专业教师双语指标体系进行专门研究。

（一）高职院校专业教师双语能力评价指标体系构建的必要性

1. 双语双能的国际化师资队伍是实现职业教育国际化的关键因素

2010 年 7 月，国家中长期教育改革和发展规划纲要工作小组办公室发布《国家中长期教育改革与发展规划纲要（2010—2020 年）》，明确指出要提升我国教育的国际地位、影响力和竞争力，培养大批具有国际视野、通晓国际规则、能够参与国际事务和国际竞争的国际化人才。

2019 年 3 月，教育部、财政部发布《关于实施中国特色高水平高职学校和专业建设计划

的意见》（教职成〔2019〕5 号），明确指出要"开发国际通用的专业标准和课程体系，推出一批具有国际影响的高质量专业标准、课程标准、教学资源，打造中国职业教育国际品牌。积极参与'一带一路'建设和国际产能合作，培养国际化技术技能人才，促进中外人文交流。探索援助发展中国家职业教育的渠道和模式。开展国际职业教育服务，承接'走出去'中资企业海外员工教育培训，建设一批鲁班工坊，推动技术技能人才本土化。"

2020 年 6 月，教育部等八部门联合印发《关于加快和扩大新时代教育对外开放的意见》，明确指出要"提升我国高等教育人才培养的国际竞争力，加快培养具有全球视野的高层次国际化人才。推动职业教育更加开放畅通，加快建设具有国际先进水平的中国特色职业教育体系。"

从上述文件可以看出，中国职业教育的国际化发展必将是大势所趋，随着各种国际化合作教学及培训项目的开展，高职教育的双语教学必将成为教学常态，高职教师双语能力现状、高职院校及专业群国际化品牌发展、国际化课程的多元发展都对国际化专业教师双语能力培养提出了迫切需求。近年来，高职教育通过中外合作办学、招收来华留学生、境外设立分校、成立境外培训基地等各种国际化办学项目，使国际化办学得到蓬勃发展，但在办学过程中，出现了很多诸如双语课程教学效果不佳、国际合作项目洽谈中交流不顺畅等现实问题。中国职业教育能否在国际职教舞台上发出不一样的声音，中国方案和中国标准是否能够在全世界推广，都离不开双语双能国际化师资队伍，因而对具备双语双能的国际化师资队伍的快速成长提出了迫切需求。

2. 双语能力评价指标体系是国际化师资队伍内涵建设的重要内容

2018 年,《中共中央、国务院关于全面深化新时代教师队伍建设改革的意见》（中发〔2018〕4 号）提出："全面提高职业院校教师质量，建设一支高素质双师型的教师队伍。"2020 年12 月，教育部等六部门发布《关于加强新时代高校教师队伍建设改革的指导意见》（教师〔2020〕10 号），提出："鼓励支持高校教师进行国内外访学研修，参与国际交流合作。"在高职教育国际化大背景下，中国职业教育走出国门对高素质双师型教师的"双语双能"提出了迫切需求，因此，需大力发展国际化师资队伍的内涵建设。

高职院校国际化师资队伍建设的内涵包括：专业教师双语能力培养模式研究、培养路径研究、培养途径研究、评价指标体系研究等内容，而评价指标体系具有风向标作用，能为高职院校专业教师双语能力培养模式、培养途径、培养路径等建设提供方向指引，能够反馈和调节双语课程的教学质量，也决定了国际化双语教师队伍成长的速度及高度，是内涵建设中非常重要不可或缺的一部分。双语能力评价指标体系能指导专业教师从宏观和微观层面提升双语能力，从国际化素养、外语素养、专业素养、教学素养、科研素养五个方面全面开展双语教学理论学习与实践。面对复杂的国际局势及话语体系，在异域价值观与本土价值观相冲突的时候，双语能力评价指标体系能指导专业教师在双语实践中坚持立德树人，正确引导学生扎根中华优秀传统文化，展示专业领域的显著成就。双语能力评价指标体系能指导专业教师自身如何把握专业与外语、教学与科研、双语理论与实践的关系，促使其在双语教学中做到教研相长，成为一名具备国际视野、双语能力、专业水平、教研并重的国际化教师。

3. 双语能力评价指标体系对职业院校国际化发展及教师个人实现自我价值具有现实指导意义

无论是对职业院校国际化发展还是对教师个人实现自我价值，对双语能力评价指标体系进行研究都具有理论价值和现实指导意义，应加快双语教师培养、选用、培训、评价等工作的标准化、规范化和制度化建设，持续有效地促进双语教师专业发展。

在当前职业教育国际化大背景下，"提升国际化水平"是"双高计划"学校双高校考核的十大建设任务之一，分值比重较大，该板块不达标，"双高"考核不可能达标，没有一支具有高水平双语能力的专业教师队伍，就不可能实现"国际化水平提升"。在"一带一路"背景下，职业院校服务"走出去"企业，为其培养国际化技术技能人才，也急需一支国际化师资队伍。专业教师双语能力评价指标体系通过对完整的国际化理念、外语及专业素养、教学素养、科研素养的评价指标设计及配套奖励措施，为专业教师双语队伍的内部组建及培养、外部招聘提供框架，为双语教师队伍的准入、培训、考核、职业资格认证等成长路径提供理论模型，为国际化合作办学的双语课堂教学质量保障、诊断及持续提高提供具体参考，使学校能够及时了解双语课程的教学效果，发现问题，并有针对性地采取有效措施进行调整和完善，使得高水平双语专业教师队伍快速组建及成长。

对于个人而言，专业教师可以顺着双语能力评价指标的框架体系，静下心来埋头学习，迅速实现自身价值。双语能力评价指标体系从思想政治、专业、外语、教学能力及科学研究总结五个方面完整设计了专业教师双语能力获得路径，可为专业教师个人发展提供方向和正确引导，避免出现专业教师个人"摸着石头过河"现象。在专业教师的成长过程中，自身双语教学能力在初始阶段可以快速获得，但后面可能会停滞不前，因而产生困惑，而双语能力评价指标体系有助于教师获得系统的理论支撑，为其提供方向性指引，进而科学评估自身的双语教学能力，解决其成长过程中出现的困惑，帮助其快速提升双语能力。双语能力是双师的重要条件之一，良好的双语能力，也是一个教师区别于其他教师、被学院认可、实现自我价值的重要因素。

（二）国际化背景下职业院校专业教师双语能力评价指标体系的构建

专业教师双语能力评价指标是对专业教师双语能力评价目标的具体量化、行为细化和可操作化，是进行双语能力评价的基本依据，是专业教师双语能力培养与管理的核心内容，科学化、体系化、导向化的评价指标也是专业教师双语能力快速发展的重要依据和方向。因此，在选取指标时，基于一名专业教师从思想政治、语言能力、专业知识与技能、教师职业素养、科研提升的"入门—成熟"视角，注重指标体系的完整性、层次性、科学性，重点关注能够促进专业教师全面发展的从资料翻译、现场口译、资料阅读、双语教学到科研等在内的各种能力。

1. 双语能力评价指标体系的理论基础及国家相关政策

1）理论基础

专业教师双语能力评价指标体系是需要系统、科学地设计的，不是无源之根、无本之木，在制作具体的双语能力评价指标框架之前，需要查找相关双语理论，并做细致研究，寻求理论支撑。

国外很多双语教学理论与实践经验都走在世界前列，可为我国高职院校专业教师双语能力评价指标的基本框架提供借鉴。国外双语教学的理论根基首先来自20世纪90年代，在欧盟1+2语言发展框架背景下，芬兰学者大卫带领 CLIL 欧洲学者团队提出了语言与内容整合学习（content & language integrated learning），比尔陶等学者在此基础上提出了双语教学能力的基本指标框架《CLIL 双语教师能力表》（the CLIL teacher's competences grid），以此作为指导欧洲各国学校进行专业教师双语教学能力职前培养或在职培训的课程设计框架。大卫及其研究团队提出了五个双语教学维度：文化维度（the culture dimension-cultix）、内容维度（the content dimension-contix）、语言维度（the language dimension-lantix）、环境维度（the environment dimension-entix）及学习维度（the learning dimension-learntix）[①]。

本评价指标体系参考了《CLIL 双语教师能力表》及双语教学维度的设计，设置了国际化素养、专业学科素养、外语学科素养、双语教学素养、学术素养 5 个维度、13 个领域的构成框架，并根据多年双语教学积累的经验，具体描述了专业教师应具备的 40 项双语能力基本要求（见表 3-1）。与此同时，汉-藏、汉-蒙等汉语与少数民族语之间，包括民族双语教师素养构成、双语能力培养路径等语内双语教学与研究成果，为语际双语指标体系的建立提供了宝贵经验。

表 3-1　职业院校专业教师双语能力评价指标体系

双语能力指标		具体描述
一级指标	二级指标	三级指标
国际化素养	国际化理念	具有国外应用型大学留学、访学经历或国际化企业任职经历； 了解中西职业教育异同，具有"引进来、走出去"的国际化意识； 具有"共商、共建、共享"的国际合作理念
	国际化视野	熟悉国际惯例，掌握专业领域和职业教育领域的国际化知识； 具有在国际范围内获取、处理相关信息的能力，并具有强烈的创新意识； 具有独立国际活动能力
	国际化师德修养	在跨文化碰撞中积极引导中外学生理性看待中西文化差异； 引导学生树立中西普适的世界观、人生观及价值观； 具备对中华优秀传统文化、中国特色职业教育的认同感、自豪感及传播意识
专业素养	专业基础知识	全面掌握职业院校特色专业课程知识与技能，注重理论联系实际； 掌握特色专业与国内外行业现状及最新发展动向
	专业应用能力	具备在专业领域国际化企业相关岗位完成工作任务的能力； 能够指导学生参加职业院校世界技能大赛等各类国际大赛
外语素养	日常交流能力	具备与外国职教专家及师生进行日常交流、电话交流及网络交流的听说能力； 具备与外国职教专家及师生交流的信函写作能力； 具备与外国职教专家及师生跨文化交流能力
	专业外语能力	具备运用专业领域及职业教育领域相关专业术语、句型全程参与国际职教合作项目开发、洽谈、谈判的能力； 具备国际职教合作项目所需的国际化人才培养方案、课程标准等相关技术文件的英文撰写能力； 具备国际职教合作项目中的中外双方提供的技术文献资料翻译能力； 具备国际职教合作项目中跨境处理国际事务、国际争端的能力

---

① 刘妍. 欧洲双语教师教学能力指标框架述评[J]. 教学研究，2015，38（3）：23-27.

双语能力指标		具体描述
一级指标	二级指标	三级指标
教学素养	语言运用能力	在国际职教合作项目的教学中，口语表达准确、流利，发音标准； 能够熟练运用外语从事专业课程双语教学
	双语教学内容设计能力	双语教学内容难度适中，与学生接受度匹配； 双语教学内容体现专业进阶性、职业性及系统性； 双语教学内容具有时代性、动态调整性
	双语课堂组织能力	双语教学管理有序； 双语教学方法灵活多样，能启发职业院校学生思维，激发学习兴趣； 双语教学模式循序渐进、深入浅出； 双语教学重点突出，难点有突破； 双语教学信息化手段运用得当，线上线下混合模式开展较好
	双语教学态度	双语授课认真负责，治学严谨； 教态大方自然，精神饱满，具有亲和力
学术素养	双语课程开发与设计能力	能够申报符合职业院校特点的双语课改项目； 能够开发符合职业院校特点的双语在线课程； 能够制作符合职业院校特点的双语微课资源； 能够编写符合职业院校特点的双语教材； 能够设计符合职业院校特点的双语题库
	双语科研能力	能够撰写职业院校双语教学论文； 能够申报职业院校双语教学课题； 能够申报各级职业院校双语教学成果奖

2）国家政策

2012年2月，《教育部关于印发〈幼儿园教师专业标准（试行）〉〈小学教师专业标准（试行）〉和〈中学教师专业标准（试行）〉的通知》（教师〔2012〕1号）指出："为贯彻党的十七届六中全会精神，落实教育规划纲要，构建教师专业标准体系，教育部研究制定了此标准。"2013年9月，教育部下发《关于印发〈中等职业学校教师专业标准（试行）〉的通知》（教师〔2013〕12号）。

2022年5月，《教育部办公厅关于开展职业教育教师队伍能力提升行动的通知》（教师厅函〔2022〕8号），提出："完善职教教师标准框架……提高职教教师培养质量……健全职教教师培训体系。"国家关于教师专业标准构建的相关政策为职业院校专业教师双语指标体系构建提供了政策依据，指明了前进的方向。

2. 双语能力评价指标体系的构建原则

（1）师德为先。在不同语言与文化的融合与冲突之中，坚定文化自信，自觉践行社会主义核心价值观，主动对外宣传中国职教故事，传播中国职教文化、工匠劳模与工匠精神，尊重与包容异域文化。

（2）内容为本。坚持以外语为媒介，完成国际职教体系知识及技能，尤其是最新前沿新技术的引进与中国现代职教先进专业及课程体系的外宣及传播。

（3）语言为要。能够熟练使用语言的听、说、读、写、译能力，完成跨语际交际，熟悉职业院校学生的知识结构及认知特点，熟练运用双语教学法等，完成双语教学及技术资料翻译。

（4）实践为王。实践出真知，只有用指标体系指导双语实践，才能发现指标体系的问题，不断完善指标体系，进而提升教师的双语能力。

（5）反思为后。在提高双语实践能力的同时，也要提升专业教师的科研能力，训练他们在双语教学过程中善于反思、总结及提高的能力。[①]

3. 双语能力评价指标体系的构建流程

高职院校专业教师双语能力评价指标体系的建立并非一蹴而就、闭门造车，而是经历了一个长期调研、数据分析及在双语实践中反复修正的过程。

（1）大量调研。在借鉴双语理论及相关政策研究的构建建议、框架之后，通过发放问卷调查、走访调查、实地考察及实证考察，积极开展现状调研、方案研制、专家咨询等相关工作，听取双语一线教师及专业学院、教培部门、国际交流处等管理人员的意见，对目前国内高职院校国际化办学项目中的专业教师双语能力构成及比重进行成分调研。

（2）数据分析。对各类调研数据进行整合、归类，并对大量数据进行分析，找到职业院校专业教师的双语能力模型、指标维度、具体描述及参数，为专业教师双语能力评价指标的具体内容建构提供依据。

（3）反复修正。双语能力评价指标是实现双语教学内部质量监控、提升质量的必要路径，是促成专业教师双语能力养成的重要手段。在学校层面，各职业院校师资管理部门需要从自身办学特点、不同专业群的内涵特点及国际化发展方向对双师能力发展评价指标进行整体设计，从机制和政策层面鼓励教师进行双语实践，设计双语能力评价指标不是最终目的，而是实现双语能力培养及有效管理的手段，学院相关管理层需要主动与专业教师进行有效沟通，根据专业教师的反馈，对双语能力评价指标进行动态调整，有针对性地对评价指标进行修正和完善，确保双语教学的规范性、完整性及延续性，使其更加合理有效。在个人层面，专业教师可以针对具体双语能力评价指标进行自我规划、自我发展、合作学习，并在国际化合作办学项目、境外培训项目、境外分校等双语实践中不断进行双语教学模式探索及创新，实时分析双语教学质量评价结果，及时了解双语课程的教学效果，发现其中存在的问题。在具体双语能力评价指标的指导下，把学科专业知识、外语习得与双语教学实践结合起来，不断提高自身的双语素质，遵循双语教学规律与高职学生接受能力进行双语实践，同时，积极进行实践—反思—再实践—再反思，不断提高教学实践能力和反思能力。

4. 双语能力评价指标体系的具体指标及其解释

根据专业教师双语能力的评价维度，采用逐层分解的方法，构建了一个由高到低、彼此独立的三级指标体系，分别是维度、领域和基本要求，这些指标逐级构建，且可以独立存在。一级指标包含国际化素养、专业素养、外语素养、教学素养与学术素养五大部分，这五个部

---

① 历晶，吕云峰. 英汉双语教师专业标准的构建：背景、依据与内容架构[J]. 长春师范大学学报（人文社会科学版），2020，39（4）：160-164.

分以重要性为内在逻辑，从上至下形成一个层次分明、不可分割的指标闭环；二级指标体系则细化为与师德师风、专业能力、语言能力、教学能力、科研能力相关的国际化理念、国际化视野、国际化师德修养等 13 项子指标，子指标的选取以科学性为原则，具有典型性、代表性及动态性，不过多过细而造成指标相互重叠；不过少过简而造成指标信息遗漏；三级指标是二级指标的具体描述，基于"师德与理念""知识与技能""专业与外语""教学与科研"等视角提出 40 条具体要求。

1）国际化素养

国际化素养是国际化专业教师应具备的基本素养，具有国际化理念、国际化视野、国际化师德修养 3 个二级指标，内含双语教师在双语实践中坚持"中国立场"的价值站位。

国际化理念的具体描述为：

① 具有国外应用型大学留学、访学经历或国际化企业任职经历；

② 了解中西职业教育异同，具有"引进来、走出去"的国际化意识；

③ 具有"共商、共建、共享"的国际合作理念。

国际化视野的具体描述为：

① 熟悉国际惯例，掌握专业领域和职业教育领域的国际化知识；

② 具有在国际范围内获取、处理相关信息的能力，并具有强烈的创新意识；

③ 具有独立国际活动能力。

国际化师德修养的具体描述为：

① 在跨文化碰撞中积极引导中外学生理性看待中西文化差异；

② 引导学生树立中西普适的世界观、人生观及价值观；

③ 具备对中华优秀传统文化、中国特色职业教育的认同感、自豪感及传播意识。

2）专业素养

专业素养是指利用外语为工具对专业体系的整体了解，尤其是对专业前沿知识的把握情况，包含专业教师掌握学科整体基础及技能与指导世界技能大赛的能力，专业素养包括 2 个二级指标，分别为：专业基础知识与专业应用能力。

专业基础知识包括以下 2 个三级指标：

① 全面掌握职业院校特色专业课程知识与技能，注重理论联系实际；

② 掌握特色专业与国内外行业现状及最新发展动向。

专业应用能力包括以下 2 个三级指标：

① 具备在专业领域国际化企业相关岗位完成工作任务的能力；

② 能够指导学生参加职业院校世界技能大赛等各类国际大赛。

3）外语素养

外语素养是指与国外人员进行日常沟通及学术交流的能力，包括以英语为工具进行的专业口头交流与书面交流能力、专业信息查询与阅读能力、专业翻译能力、专业写作能力等，包括日常交流能力与专业外语能力 2 个二级指标。

日常交流能力包括以下 3 个三级指标：

① 具备与外国职教专家及师生进行日常交流、电话交流及网络交流的听说能力；

② 具备与外国职教专家及师生交流的信函写作能力；

③ 具备与外国职教专家及师生跨文化交流能力。

专业外语能力包括以下 4 个三级指标：

① 具备运用专业领域及职业教育领域相关专业术语、句型全程参与国际职教合作项目开发、洽谈、谈判的能力；

② 具备国际职教合作项目所需的国际化人才培养方案、课程标准等相关技术文件的英文撰写能力；

③ 具备国际职教合作项目中的中外双方提供的技术文献资料翻译能力；

④ 具备国际职教合作项目中跨境处理国际事务、国际争端的能力。

4）教学素养

教学素养是专业教师为了提高双语教学效果、增强学生的学习兴趣和信心，所应具备的在双语教学方面的基本素质，如教学理念、教学态度、教学设计、教学模式、教学方法等，以便更好地培养学生的双语能力和知识转化能力。教学素养包括 4 个二级指标，分别为：语言运用能力、双语教学内容设计能力、双语课堂组织能力与双语教学态度。

语言运用能力包括以下 2 个三级指标：

① 在国际职教合作项目的教学中，口语表达准确、流利，发音标准；

② 能够熟练运用外语从事专业课程双语教学。

双语教学内容设计能力包括以下 3 个三级指标：

① 双语教学内容难度适中，与学生接受度相匹配；

② 双语教学内容体现专业进阶性、职业性及系统性；

③ 双语教学内容具有时代性、动态调整性。

双语课堂组织能力包括以下 5 个三级指标：

① 双语教学管理有序；

② 双语教学方法灵活多样，能启发职业院校学生思维，激发学习兴趣；

③ 双语教学模式循序渐进、深入浅出；

④ 双语教学重点突出，难点有突破；

⑤ 双语教学信息化手段运用得当，线上线下混合模式开展较好。

双语教学态度包括以下 2 个三级指标：

① 双语授课认真负责，治学严谨；

② 教态大方自然，精神饱满，具有亲和力。

5）学术素养

学术素养是指专业教师对双语课程的设计能力、总结与反思能力等，包括双语课程开发与设计能力、双语科研能力 2 个二级指标。

双语课程开发与设计能力包括以下 5 个三级指标：

① 能够申报符合职业院校特点的双语课改项目；

② 能够开发符合职业院校特点的双语在线课程；

③ 能够制作符合职业院校特点的双语微课资源；

④ 能够编写符合职业院校特点的双语教材；

⑤ 能够设计符合职业院校特点的双语题库。

双语科研能力包括以下 3 个三级指标：

① 能够撰写职业院校双语教学论文；

② 能够申报职业院校双语教学课题；

③ 能够申报职业院校各级双语教学成果奖。

在国际化背景下，培养一支具有双语能力的专业教师队伍，既是教育部对职业教育的要求，也是职业院校国际化品牌内涵建设外延发展的需要，更是培养国际化技术技能人才的重要条件，对其构建恰当的双语能力评价指标体系是对专业教师国际化内涵发展的深入研究。双语能力评价指标体系是规范和评价职业院校专业教师双语能力发展的准则和尺度，能为专业教师队伍中的双语教师准入、培训、绩效考核提供依据。职业院校师资管理部门应立足于双语教学评价指标体系，制度化、规范化、细则化地管理一线双语教学，同时获得双语教学一手信息，引导专业教师更加合理、有效地开展双语教学，发挥评价指标对实际教学的导向性作用，从而推动我国高职教育国际化的发展。构建双语能力评价指标体系非一日之功，也不是一成不变的，各职业院校需要根据自身办学特点不断探索，根据国际化形势及专业内容及时作出动态调整。

第三节　职业教育国际化课程体系研究

一、职业教育国际化课程体系的内涵

（一）课程目标国际化

（1）以培养具有国际视野、跨文化交流能力和专业技能的高素质人才作为课程的主要目标。

（2）结合国际先进职业教育理念和行业标准，制定符合国际化要求的课程目标。

（二）课程内容国际化

1. 引入国际先进课程

职业教育机构在提升教育质量方面，应持有开放与前瞻的态度，积极引进国际先进的职业教育课程，特别是那些紧密贴合当前国际产业发展趋势的优质课程，确保教学内容始终走在时代前列，兼具先进性与国际性。学生通过学习这些课程，能够掌握国际领先的技术知识、管理理念和服务标准，从而极大地提升他们的国际视野和竞争力，为未来的职业生涯奠定坚实的基础。

2. 开发国际合作课程

为了培养具有全球视野的高素质技术技能人才，职业教育机构应当积极与国外知名的职业教育机构建立合作关系，共同开发符合国际标准的职业教育课程。这种合作模式不仅可以使我们借鉴和学习先进的课程开发理念和经验，还能够使我们结合本国的实际需求和特色，开发出既具有国际先进水准又符合本土实际情况的职业教育课程。通过这样的课程，学生将能够在学习国际先进知识的同时，更好地适应本土产业的发展需求，从而在未来的职业生涯中更具竞争力。

3. 注重国际主题和前沿问题研究

在课程内容上，应注重国际主题和前沿问题的研究，如可持续发展、环境保护、人工智能等。这些主题和问题不仅具有全球性的意义，也有助于培养学生的全球视野和跨文化交流能力。鼓励开设与生物、高端装备制造、新能源、新材料等战略性新兴产业相关的专业课程，培养符合国际市场需求的人才。

（三）教学方法国际化

1. 采用国际先进的教学方法

职业教育机构应积极采用国际先进的教学方法，如项目式学习、探究式学习、翻转课堂等。这些教学方法可以激发学生的学习兴趣和主动性，提高他们的学习效果和创新能力。同时，利用现代信息技术手段，如在线课程、远程教学等，拓展学生的学习空间，提升教学效果。

2. 注重实践教学

教学方法国际化，还需特别注重实践教学环节。实践是检验理论的试金石，也是提升学生技能水平的关键途径。可以通过与国际职业教育机构合作，引入先进的实训基地和模拟设备，让学生在实践中学习和掌握国际先进的技术和管理方法。同时，鼓励学生参与国际项目，与国外的学生和专家一起工作，这样不仅可以拓宽他们的国际视野，还能提高他们的实践能力和跨文化交流能力，为成为具有国际竞争力的高素质技术技能人才打下坚实基础。

3. 强化语言教学

语言是沟通的桥梁，也是职业教育国际化课程体系的关键要素。为了培养学生的国际竞争力，职业教育机构应特别注重英语教学，强化学生的听、说、读、写能力。通过增加英语课程比例，引入先进的教学方法（如情景模拟、角色扮演等），并提供多元化的语言学习资源，来提高学生的语言实际运用能力。同时，鼓励学生参加国际性的语言考试（如托福、雅思）和语言交流活动（如英语演讲比赛、海外游学等），以提升他们的英语水平，并帮助他们更好地适应国际职场环境。此外，考虑开设其他国际通用语言类课程，以满足不同国家和地区学生的学习需求，为他们在全球范围内寻找工作和发展机会创造更多可能性。

（四）课程标准国际化

1. 对接国际标准

职业教育机构应积极与国际职业技能标准、国际职业教育质量标准等国际标准对接，确保课程质量和教学内容与国际接轨，提升学生的国际竞争力，并提高课程的国际认可度。通过引入国际标准，为学生提供更具全球视野的学习体验，帮助他们更好地适应国际职场的需求。

2. 建立国际认证体系

为了提升职业教育课程的国际竞争力，应建立与国际接轨的课程认证体系，对符合国际标准的课程进行认证，确保其质量和内容的国际认可度。这不仅有助于提高课程的国际声誉，还能推动职业教育国际化的进程，为学生提供更多国际交流和发展机会。

（五）课程评价国际化

1. 采用国际评价标准

建立完善的课程评价与反馈机制，收集学生和教师的意见和建议，对课程进行持续改进和优化。在课程评价方面，应积极采用国际评价标准，如国际职业资格证书考试、国际技能竞赛等。这些评价标准可以客观地反映学生的专业技能水平和综合素质能力。

2. 引入国际认证制度

引入国际认证制度，对课程进行质量评估和认证，确保课程质量和水准符合国际标准。通过与国际职业教育机构的交流与合作，借鉴国际先进的课程评价理念和方法，提高职业教育课程评价的科学性和公正性。

二、职业教育国际化课程体系的特征

（一）国际化内容

职业教育国际化课程体系的课程内容应具有鲜明的国际性和前沿性，不仅要涵盖国际先进的教育理念和行业标准，还应融入不同国家和地区的文化背景，使学生能够全面了解国际职业领域的最新动态和多元文化。这样的课程内容设计，旨在培养学生的国际视野和跨文化交流能力，为他们未来在国际职场上打拼奠定坚实基础。

（二）跨文化交流

职业教育国际化课程体系特别强调培养学生的跨文化交流能力。这包括：语言能力，即学生需具备流利的外语沟通能力；文化适应能力，使学生能够尊重并理解不同文化的差异；合作能力，使学生能在多元化的团队中协同工作。通过这些能力的培养，学生将能在国际职场中更自信地交流和合作，适应多元文化的工作环境，为其职业发展创造更多机遇。

（三）多元化方法

职业教育国际化课程体系在教学方法上呈现出显著的多元化特征。它不再局限于传统的教学模式，而是积极采用项目式学习、翻转课堂、在线协作等多种国际先进的教学方法。这些方法不仅能激发学生的学习兴趣，培养他们的创新思维和批判性思考能力，还通过团队合作和跨文化交流，提升学生的实践能力和国际竞争力，为他们未来的职业生涯打下坚实基础。

（四）开放性合作

职业教育国际化课程体系呈现出显著的开放性合作特征。它积极与国际教育机构、行业从业者及企业单位等建立紧密合作关系，共同开发具有国际化视野的课程资源和教育模式。这种合作模式不仅丰富了课程内容，使其更加贴近国际实际需求，还促进了教育资源的共享和互补，为学生提供了更多实践机会和职业发展路径，进一步提升了职业教育的国际影响力和竞争力。

三、职业教育国际化课程体系构建策略

（一）明确国际化课程目标

在构建职业教育国际化课程体系时，需明确并设定清晰、具体的国际化课程目标。这些目标应立足于职业教育的基础，同时结合国际教育的标准，涵盖知识掌握、技能提升、态度培养及价值观塑造等多个维度。通过设定这些目标，培养学生的国际视野，增强他们的跨文化交流能力，并使其具备与国际接轨的专业技能，为未来的国际职场竞争打下坚实基础。

（二）整合国际化课程资源

1. 引入与本土化相结合

在构建职业教育国际化课程体系的过程中，整合国际化课程资源是至关重要的。首先，应积极引入国际先进的教育理念和教育资源，包括优秀的教材、经典案例、先进实验设备等，以提升课程内容的国际性和前沿性。这些资源不仅能够为学生带来更为丰富的学习体验，还能让他们接触到国际先进的知识和技术，从而拓宽他们的国际视野。同时，还应注重课程资源的本土化改造，使其更符合本国学生的学习需求和实际情况，提高课程的实用性和针对性。通过这样的资源整合，能够为学生提供更加优质、全面的国际化职业教育课程，助力他们在未来的国际职场中脱颖而出。

2. 校行企联手开发

在构建职业教育国际化课程体系的过程中，还需要注重与国际教育机构、行业从业者、企业单位等建立紧密的合作关系。这样的合作模式不仅能够带来丰富的国际化课程资源，还能够推动教育模式的创新和发展。通过与国际教育机构的合作，可以引入他们先进的教育理念和教学经验，借鉴他们的成功案例，提升自身的课程质量和教学水平。与行业从业者和企业单位的合作，则能够让教育机构更深入地了解国际职业市场的需求和趋势，从而根据实际需求来设计和更新课程内容，确保课程内容的实用性和前瞻性。同时，这种合作模式也能够促进课程内容的不断更新和发展，为学生提供更具竞争力的职业教育课程。

（三）模块化课程结构及国际化教学模式

1. 基于生产过程，设置符合职业岗位群要求的课程模块

基于生产过程，设置符合职业岗位群需求的课程模块，包括通识教育、专业教育、实践能力提升和素质培养等模块。这种模块化课程结构可灵活适应职业市场的快速变化，确保学生能够掌握与国际接轨的职业技能。同时，结合国际化教学模式，注重实践与应用，培养学

生的实际操作能力和跨文化交流能力，使他们更好地适应全球化的职业环境。

2. 将中方与外方的课程进行无缝对接

在模块化课程结构中，注重中方与外方课程的无缝对接。通过课程内容的精心设计和教学安排的巧妙融合，确保学生能够同时接受中方扎实的基础教育和外方先进的职业教育。这种对接不仅提升了课程的国际化水平，还为学生提供了更加全面、深入的学习体验，使他们能够更好地适应全球化的职业环境，并具备与国际接轨的专业技能。

3. 实施国际化教学模式

积极采用国际化的教学模式，如工程实践创新项目（EPIP）等，以提升学生的实践能力和创新能力。这些教学模式注重理论与实践相结合，强调学生的主体性和参与度，通过项目式学习、团队合作等方式，使学生在解决实际问题的过程中深化对专业知识的理解，并培养他们的国际视野和跨文化交流能力，为未来的职业生涯奠定坚实基础。

（四）弹性学制与选课制

实行弹性学制，赋予学生在一定范围内自主选择学习时间和学习进度的权利，旨在打造个性化和人性化的学习模式。同时，推行选课制，鼓励学生根据自身兴趣和发展规划，灵活选择适合自己的课程，满足学生的多元化需求。这一制度不仅增强了学习的自主性和灵活性，还有助于激发学生的学习潜力和创新精神。

（五）国际化师资队伍建设

在职业教育国际化进程中，师资队伍建设是核心环节。为了培养一支具有国际竞争力的教师队伍，可以采取以下措施。

1. 加强教师的国际化培训和学习

鼓励并支持教师参加国际学术会议、研修班和海外访学等活动，以拓宽他们的国际视野，提升他们的教学水平和科研能力。通过这些培训和学习，教师们能够及时了解国际职业教育的发展趋势和先进理念，从而将其融入日常教学中，为学生提供更加优质的教育服务。

2. 邀请国际知名学者和专家来校讲学交流

积极搭建国际交流平台，邀请来自世界各地的知名学者和专家来校交流，举办学术讲座、研讨会和教学指导等活动。这些活动不仅为教师们提供了与国际同行交流学习的机会，还提高了他们的学术水平和国际影响力，有助于推动学校职业教育国际化发展。

（六）教学方法与手段创新

需要采用多元化的教学方法和手段，激发学生的学习兴趣和积极性。一方面，要注重引入案例教学、项目教学等互动式教学方法，通过模拟真实的工作场景和项目任务，让学生在实践中学习和成长。这些教学方法不仅能够帮助学生深入理解理论知识，还能够培养他们的实践操作能力和团队协作能力。另一方面，积极推广在线学习等新型教学手段，利用互联网和多媒体技术为学生提供更加丰富多样的学习资源和学习方式。同时，也需要注重企业合作、实训基地建设等实践教学环节，通过与企业紧密合作，建立实训基地，为学生提供真实的职业环境和实践机会，从而进一步提高他们的实践能力和职业素养。

（七）建立质量监控机制

为确保职业教育国际化课程体系的持续优质发展，需要建立全面的质量监控机制。首先，制定国际化的教学质量标准，这些标准不仅参考了国际先进的教育理念和实践经验，还结合了本校的实际情况，可确保教学的科学性和可操作性。定期对教学过程和教学效果进行评估和监督，通过学生反馈、教师自评、同行评审等多种方式，全面收集和分析教学质量信息。同时，鼓励学生和教师积极参与质量监控工作，形成全员参与、共同提高的良好氛围。这种全员参与的质量监控模式不仅有助于提升教学质量，还能够增强学生的自主学习意识和教师的责任心。

第四节　具有国际影响力的国际化教学资源

国际化是当前职业教育发展的核心内容之一。2020 年，《教育部等九部门关于印发〈职业教育提质培优行动计划（2020—2023 年）〉的通知》（教职成〔2020〕7 号）明确要求"提升职业教育国际影响力"。国家"双高计划"（2019 年）将"提升国际化水平"作为职业教育十大建设任务之一。2021 年，中共中央办公厅、国务院办公厅印发《关于推动现代职业教育高质量发展的意见》，强调要打造中国特色职业教育品牌……推动职业教育走出去……积极打造一批高水平国际化的职业学校，推出一批具有国际影响力的专业标准、课程标准、教学资源。2023 年，《教育部办公厅关于加快推进现代职业教育体系建设改革重点任务的通知》（教职成厅函〔2023〕20 号）提出"开展具有国际影响的职业教育标准以及资源和装备建设""建设具有较高国际化水平的职业学校"两大建设任务。资源建设是职业教育国际化的基础，全国双高院校都在积极探索职业教育资源建设，尽管在资源建设方法及形式上积累了一定经验，但总体而言，具有国际影响力的资源远远不够。如何精准把握"具有国际影响力的职业教育资源"内涵，针对建设现状，实施行之有效的策略，对破解我国职业教育"走出去"过程中存在的难点问题，具有十分重要的现实意义。

一、具有国际影响力的职业教育资源内涵

具有国际影响力的职业教育资源，关键在于国际影响力，它是一个国家通过国际互动对国际环境产生的实际影响的大小。国际影响力的大小与当事国国家实力、国家能力和国家参与度有关，事关国家政治、经济、文化的方方面面，而职业教育国际化是其重要影响指标之一。

职业教育资源是否具有国际影响力，是职业教育国际化水平的重要指标，建设具有国际影响力的职业教育资源，是打造中国职业教育国际化品牌的必然要求，对国际影响力的形成

至关重要。职业教育资源根据资源开发主体、资源组织形态、资源内容、适用对象、应用场景、功能定位、费用、资源媒体格式、语种等角度划分有不同的分类与内涵[①]。广义来说，国际化职业教育资源包括促进与支持职业教育国际化发展的教学活动的硬件、软件、教学资源、教学环境，以及国际化师资团队[②]。狭义而言，国际化职业教育资源主要指促进与支持国际化教学活动的教学资源及培训资源，包括国际通用的职教标准、双语教学及培训资源，当前较为普及的教学资源形态有教材、教辅、数字教材、数字课程、教学平台、数字应用等。

因此，从狭义角度看，教学资源的概念可以界定为纸质教学资源（如教材、教辅、工具书等）和数字教学资源（如慕课、微课、虚拟仿真系统等）的集合，具体形式为：教材、教案、PPT、音频、视频、虚拟仿真、AI、动画、图像、在线课程、公众号、教学软件、教学工具、教学网站、题库、文献资料等。本文涉及的职业教育资源是基于狭义角度来释义的。

二、职业教育国际化教学资源建设现状

近年来，随着实施职教出海的国家战略，职业教育国际化大力发展，职业教育国际化教学资源呈快速增长趋势，但教学资源的总体规模和数量依旧不大，在资源的整体性、开发资源主体的多元性、资源的数字化程度、双语资源及资源适应场景等方面存在不足，尤其是具有广泛"国际影响力"的职教资源更是凤毛麟角。

（一）国际化教学资源开发设计缺乏整体感，开发的资源呈零碎状

很多高职院校国际化教学资源建设源于双高建设国际化发展需要。高职院校为了完成双高计划国际化水平提升涵盖的中外合作办学、留学生教育、境外办学、海外技术服务等任务，根据本校双高专业群的国际化发展需要，对应建立了国际化师资队伍，开发了国际化课程及国际化资源。这一类资源的开发，主要是针对某一具体的教育项目，应用规模不大、范围不广，缺乏整体感，逻辑性不强，呈零碎状，并且由于外事部门与专业学院之间协同效应不高，保障措施与激励机制不健全，国际化教学资源质量无法得到有效监督与保障。

（二）国际化教学资源开发主体结构单一，多元主体参与度不高

职业教育国际化发展是服务产业升级和适应国家开放战略的重要抓手，也是教育实现现代化的有效途径和必然结果，单一的开发主体结构必然导致国际化教学资源的应用场景和职业适应性受限。从开发主体来看，职业教育国际化教学资源开发主体结构单一，多元主体参与度不高，绝大多数的国际化教学资源是由职业院校的专业教师完成，在校内没有形成"专业+英语"的结构化团队，跨国、跨企业、跨行业的团队结构尚未形成，尽管不少职业院校已经开始制定了类似管理机制，但由于时间、地域或者激励机制尚未形成，资源开发场景仍然主要以学校为主，导致资源的职业适应性和适配度不高。

① 曾君，陆方喆. 国际汉语数字化教学资源的概念、分类与体系[J] 云南师范大学学报（对外汉语教学与研究版），2021，19（3）：28-37.

② 梁宇，刘晶晶，李诺恩，等. 内涵式发展之"内涵"：国际中文教育教学资源建设的维度[J]. 天津师范大学学报（社会科学版），2023（1）：38-44.

（三）国际化资源形式及内容单一，高质量资源有限

国际化教学资源单从规模上看已经达到了一定量的积累，但总体质量不高，尤其是国际影响力不足。从表现形式上看，形式较为单一，传统资源居多，适应新形式的数字资源偏少，纸质资源比重较大，主要有教学标准、双语教材、双语教案、双语题库、双语资料等，而能够应对各种国际化办学风险的双语数字资源有限，视频、虚拟仿真、VR、AI、动画、在线课程、公众号、数字化教学 App、数字化教学工具等不多，而且质量有待进一步提升。

三、职业教育国际化教学资源建设策略

（一）整体规划，系统设计职业教育国际化教学资源

为了让国际化办学高质量发展，学院应该对职业教育国际化教学资源进行系统设计，整体规划，外事部门与专业学院联手合作，协同发展，根据双高专业群"走出去"的高定位，做好资源建设的内涵发展，搭好国际化专业建设的整体框架，根据中外合作办学、留学生教育、境外办学、海外技术服务的要求，首先重点打造几门课程的国际化资源，并从理论、实训维度打造国际化课程标准、双语教材、教学微课、双语视频、双语习题测验、在线课程等常规教学资源。

（二）多界融合，形成国际化资源结构化开发团队

多界融合的开发团队是形成优质的国际化教学资源的关键。职业院校需要根据本学校的专业群发展需要，联合企业、行业导师、专业教师与英语教师，甚至输入国的外籍教师，建立跨国籍、跨年龄、跨学科的结构化团队，充分发挥同一行业不同领域教师的优势。英语教师辅佐专业教师解决资源建设中的语言问题，企业行业导师辅佐专业教师解决应用场景问题，信息化教师负责解决数字化、信息化手段问题，思政教师负责融入中华优秀文化、劳动教育和中国工匠精神，外籍教师帮助解决资源的适应性和跨文化冲突问题，使资源建设在文化交流与碰撞中实现包容与理解，寻求共赢发展，而年长教师经验丰富，以老带新，形成阶梯化团队。

（三）勇于创新，大力开发数字化国际化教学资源

有国际影响力的国际化教学资源，除了在制度和管理上要提供高质量保障，还需要在资源形式和内容上推陈出新。一方面，需要制作常态化纸质国际化资源；另一方面，需要加大数字化手段的运用，大力推进教学资源信息化，开发文本、图片、课件、视频、音频、动画、习题、网页等形式的数字化资源，增加资源的创新性、趣味性及生动性，通过丰富资源类型及创新内容激发学生学习兴趣，并且依托信息技术，加大教学平台、教学模式、教学管理数字化力度，包括对云计算、大数据、移动互联等数字技术的有效利用。在资源应用上，借助国家智慧教学平台、实训室平台等各种数字化平台，上线内容政治立场坚定、高质量制作，

符合产业、行业标准与规范，能全程记录学生在线学习数据，详细呈现学生学习轨迹，有高度交互性的高水平英文或双语课程，使之成为跨国跨境、赋能师生双向互动的平台，也为在线直播课堂、企业导师连线、云会议、云讨论提供便利。

（四）对接国际标准，制作高质量全英文国际化教学资源

制作高质量全英文国际化教学资源具体包括以下几个方面：

第一，对接国际标准，开发制作高质量专业教学标准、课程标准、职业教育标准、课程包，争取参与制定职业教育国际标准及规则。当开发制作的教学标准、专业课程标准得到推广国认可，受教育者参与国际技能大赛并获奖后，自然能提升国际影响力。

第二，对接世界前沿的新技术、新工艺、新理念，最大限度地将企业需求、企业文化、企业技术、企业标准等融入国际化资源建设中，同时利用人工智能、智能语音等数字化技术提高国际化同声资源的开发效率，开发集活页式教材、演示动画、操作视频等于一体的国际化数字资源，并在资源中建设一批反映品牌形象、工匠形象、自主技术等的数字化资源。

（五）立足中国特色，重视国际化教学资源的文化融入

跟随实施教育强国战略的大背景下，配合教育部"双高计划""提质培优""职业教育高质量发展"等提出的"职教出海"政策，职业教育跟随航空、高铁、中医、农业等产业出海，为提供国际化技术技能人才培训、技术服务指导的过程，其实也是一个传播中国文化，提升中国职业教育影响力乃至中国影响力的过程。因此，除了对国际化教学资源从内容、形式上进行总体规划，还需要对配套的国际化传播内容等进行深层思考，立足中国特色，在资源中融入中华优秀传统文化，从"走出去"产业的传统文化、特色文化、地域文化、新型文化、未来展望及产业背后的自然地理环境和人文生活等方面进行系统融入、挖掘、开发，进而传播中华优秀文化，让世界了解不断发展的中国，并产生了解中国、热爱中国的联动效应。

随着国家对外开放领域不断扩展，职业教育的做大做强，越来越多的双高专业群开始服务国际化企业走出国门，在世界舞台上发出中国声音，述说中国故事，传播中国文化，使中国职教品牌熠熠发光。这些都离不开完善的国际化教学资源体系做强大的支撑，这些国际化教学资源如果没有经过系统化的设计，没有多元主体共同开发，没有与岗位及地区高度适配的具有时新、创新及特色的资源形式及内容，没有融入文化工匠精神的中国特色，就无法吸引国外众多目光。前路漫漫，未来可期，国际影响力是职业教育国际化水平的重要标志，是打造中国职业教育国际化品牌的必然要求，而职业教育资源国际化建设对国际影响力的形成至关重要。职业教育只有对标国际标准，对具有国际影响力的职业教育资源进行积极探索、有效建设，精准把握"具有国际影响力的职业教育资源"内涵，形成有效的打造国际影响力的建设策略，才能完善现代职业教育体系建设，对破解我国职业教育"走出去"过程中存在的难点问题，具有十分重要的现实意义。

第五节 国际化技术技能人才培养体系研究

国际化技术技能人才培养体系的建立，是职业教育国际化的核心内容之一。本节将从培养目标、培养策略、培养路径、构建评价体系等方面，对职业教育国际化技术技能人才培养体系进行深入研究。

一、培养目标

国际化技术技能人才培养体系的研究中，培养目标是整个体系的核心与导向，它决定了人才培养的方向和质量标准。以下是对国际化技术技能人才培养目标的详细阐述。

1. 总体目标

国际化技术技能人才培养体系的培养目标，主要聚焦于培养具有国际视野、跨文化沟通能力、专业技能精湛且熟悉国际规则的高端技术技能人才。这类人才不仅需要具备扎实的专业技能，还需要具备良好的外语沟通能力、跨文化交流能力和国际竞争力，以适应全球化背景下的经济发展和市场需求。

2. 具体目标

1）知识与技能

（1）掌握国际先进的技术、技能、知识，拥有丰富的实践经验，熟悉国际标准和行业规范，能够熟练运用国际标准进行技术操作和项目管理，从而胜任国际技术技能领域的工作。

（2）具备扎实的专业基础，以及持续学习和自我提升的能力，确保能够紧跟国际技术技能发展的步伐，不断提升自身的专业素养和竞争力。

2）国际视野与规则

（1）具备全球性的思维方式和广阔的国际视野，能够深入理解并适应不同国家和地区的文化、经济和社会环境。

（2）通晓国际贸易、国际投资和国际合作等方面的基本规则和流程，并密切关注国际政治、经济、文化和技术的发展趋势及行业动态，从而准确把握国际市场的机遇和挑战。

3）跨文化交流能力

（1）熟练掌握至少一门外语，具备出色的跨文化交流能力，能够流利地使用外语与国际同行进行有效的沟通和合作。

（2）深入了解不同国家和地区的文化习俗、礼仪规范，以及工作方式和思维方式，展现出对多元文化的尊重与适应力，从而有效避免在交流中产生误解和冲突。

4）创新能力与团队协作能力

（1）具备创新思维和解决问题的能力，能够在复杂多变的环境中寻找新的解决方案。

（2）具备良好的团队协作能力，能够与来自不同国家和文化背景的人进行有效合作。

5）职业素养与职业道德

（1）具备高度的职业素养和职业道德，能够遵守国际职业规范和行业准则。

（2）具备强烈的责任感和使命感，能够为国家和民族的繁荣发展作出贡献。

二、培养策略

1. 从目标上精准培养定位

在国际化技术技能人才培养的宏伟蓝图中，精准培养定位无疑是策略的首要基石。这一策略的核心在于明确并细化培养目标，旨在培养出既拥有全球视野，又具备跨文化交流能力的复合型人才，他们需要精通国际先进的技术、技能、知识，并积累了丰富的实践经验。为实现这一目标，需要紧密关注国际市场的需求动态，确保所培养的人才能够与国际标准无缝对接，从而在国际舞台上展现出强大的竞争力。这意味着，培养目标不仅要与国际市场的实际需求紧密对接，更要前瞻性地捕捉国际技术发展的新趋势，以此为导向，不断更新和完善我们的教学内容与课程设置。众所周知，跨文化交流能力在国际合作中非常重要，因此，加强这一能力的培养，使人才能够在多元文化的环境中游刃有余地进行沟通与协作，是培养策略中不可或缺的一环。最后，需要着重培养人才的创新意识和实践能力，鼓励他们勇于探索未知，敢于挑战自我，以适应快速变化的国际环境，为国家的繁荣发展贡献自己的力量。

2. 从师资上加强国际化素养建设

从师资上加强国际化素养建设是至关重要的一环。首先，高职院校应积极引进具有国际背景的教师，这些教师具备丰富的国际经验、较强的跨文化沟通能力和专业课教学能力，他们不仅能够为学生提供国际化的教学内容和视角，还能帮助学生在国际环境中更好地适应和发展。其次，对现有教师进行国际化素养的培训和提升。通过组织教师参加国际交流、境外研修等活动，使他们了解国际先进技术、教学方法和教育理念，提升他们的国际化视野和跨文化沟通能力。最后，鼓励教师积极参与国际合作项目，通过与国际同行进行深入交流合作，可不断提高其国际化素养。

3. 从内涵上优化课程体系与教学内容

（1）课程体系和教学方法的本土化改造。引入国际先进的课程体系和教学方法，结合国内实际情况进行本土化改造。加强实践教学环节，提高学生的动手能力和解决实际问题的能力。开设与国际接轨的专业课程，如国际贸易、国际金融、国际法律等，以拓宽学生的国际视野。

（2）国际认证与评估。国际认证与评估是国际化技术技能人才培养的重要保障。学校应积极参与国际认证和评估工作，确保教育的质量和水平符合国际标准。通过国际认证和评估，提升教育的国际认可度和竞争力，为学生的国际就业和职业发展提供有力支持。

（3）强化实践教学与实训基地建设。建立与国际接轨的实训基地和实验室，为学生提供真实的国际工作环境和模拟训练机会。加强与企业的合作，共同开展实践教学和实习实训活动，提高学生的职业素养和实践能力。鼓励学生参与国际竞赛和实践活动，提高学生的国际竞争力和创新能力。

（4）语言与跨文化培训。语言与跨文化培训是职业教育国际化的重要内容。要加强学生的语言学习和跨文化交流能力培训，提高他们的国际交往能力。通过开设英语课程和国际文化课程，为学生提供系统的语言学习和文化体验机会。同时，组织学生进行国际交流和文化交流活动，提高他们的跨文化交流能力和适应能力。

4. 从项目载体上加强国际合作与交流的广度与深度

通过扩大国际合作项目的范围，增加与不同国家和地区的教育机构、企业的合作机会，可以为学生提供更广阔的国际视野和更多的学习机会。这有助于学生了解不同文化背景下的技术技能差异，培养他们的跨文化沟通能力和全球视野。同时，深化国际合作项目的内涵也至关重要。合作项目不仅仅是形式上的交流，而应注重实质性的合作与学习。通过共同开发课程、互派访问学者、开展联合研究等方式，可以促进双方在教育资源、教学方法和学术研究等方面的深度交流与合作。这不仅可以提升人才培养的质量，还可以推动双方在技术技能领域的创新发展。

三、培养路径

1. 顶层设计与政策支持

（1）完善培养机制。在国际化技术技能人才培养路径中，顶层设计与政策支持起着至关重要的作用。首先要完善培养机制，明确培养目标、内容和方法，制定科学合理的国际化人才培养战略。同时，加强政策引导和支持，为人才培养提供有力保障。通过顶层设计和政策支持的有机结合，可以推动人才培养体系的优化和升级，培养出更多具备国际竞争力的高端技术技能人才。此外，还需不断优化和调整顶层设计，以适应国际形势的变化和人才培养的新需求。

（2）出台政策文件。为了加强国际化技术技能人才培养，政府需出台相关政策文件，明确培养目标和要求。这些政策文件将为人才培养提供指导和支持，确保培养过程符合国际标准和企业需求。同时，政策文件的出台，还能促进教育资源的优化配置，提高人才培养的质量和效率。政策文件不仅是人才培养的指南针，更是推动教育资源合理分配的关键。通过不断完善政策文件，可以推动人才培养体系的持续改进和创新发展，为国家的全球竞争力注入源源不断的动力。

（3）形成联动机制。在国际化技术技能人才培养过程中，形成政府、学校、企业等多方参与的联动机制至关重要。这一机制能够确保各方在人才培养上形成合力，共同推动培养目标的实现。通过明确各方职责和协作方式，形成高效有序的人才培养流程，使得培养过程更加顺畅和高效。同时，联动机制的建立，还能促进信息共享和资源互补，使得各方能够充分利用自身优势，为人才培养提供更加丰富和多元的支持。这种紧密的合作，不仅提高了人才培养的针对性和实效性，更为国家的全球竞争力注入了新的活力。

2. 学院层面的培养路径

1）师资队伍与人才培养

（1）引进国际师资。为了提升教学质量和国际化水平，学院积极引进具有国际视野和丰富实践经验的教师。这些教师不仅带来了先进的教学理念和方法，还为学生提供了与国际接轨的学习体验，从而有效提高教师队伍的国际化水平。

（2）培养本土师资。学院高度重视本土教师的国际化发展，积极鼓励教师赴境外进修学习。通过建立国家、学校和学院三级公派体系，为教师提供更多的海外学习机会。这些教师在进修期间不仅能拓宽国际视野，还能积累宝贵的海外教学经验，进一步壮大高职院校的国际化技能人才培养实力，为学生提供更加优质的教育资源。

2）国际交流与合作拓展

（1）开展国际交流。学院积极组织学生参加国际交流访问项目，通过与国外学生进行深入的交流与学习，为他们提供宝贵的跨文化交流机会。通过这些交流项目，学生们不仅能够拓宽国际视野，了解不同国家的文化、教育体系和职业发展路径，还能在实践中锻炼外语沟通能力和团队协作能力，为未来的国际职业生涯奠定坚实基础。同时，这些交流项目也为学生们提供了与国际同行建立联系的宝贵机会，有助于他们在未来的职业生涯中拓展国际合作和发展空间。

（2）参与国际竞赛。鼓励学生参与国际竞赛和项目实践，通过与国际顶尖人才的直接竞争和合作，不仅能够显著提高学生的综合素质和国际竞争力，还能激发他们的创新思维，锻炼他们在复杂环境中解决问题的能力。这些宝贵的经历将为学生未来的职业生涯铺设坚实的基石。

（3）拓展国际合作。加强与国际知名高校、研究机构和企业的合作与交流，共同开展人才培养、科学研究和技术创新等活动。

3. 二级学院层面的培养路径

1）教学模式与方法创新

（1）创新培养模式。创新高职院校国际化技术技能人才培养模式，并使之与顶层设计、底层逻辑紧密结合起来。

（2）优化课程体系。增设国际化课程，如国际商务、跨文化交流、国际金融等，引入国外先进教材和教学资源，结合本土特色，培养学生的国际视野和综合素质。

（3）强化外语教学。加强外语教学，提高学生的语言能力，培养学生与国际友人合作、交流的能力。可以采用沉浸式教学、项目式学习等创新方式，增加语言实践机会。

（4）引入国际资源。与国外高校建立合作关系，引进国际教育资源和先进教学方法。例如，开展与国外高校的教师交流、学生交流项目，为项目参与者提供实践机会。

2）实践教学与校企合作

（1）加强实践教学。为学生提供国内外企业实习机会，使其接触实际工作环境，了解国际商务运作，并提高实际操作能力。

（2）深化校企合作。加强国内与国际跨地域、跨专业、跨文化、跨民族的校际或校企的同频共振合作，促进国内校际合作、通专培养、工学结合，走向国际化蝶变之路。

（3）共建实训基地。与"走出去"企业合作，共建实训基地，为学生提供真实的国际工作环境和模拟训练机会。

3）构建评价体系

构建评价体系有助于对国际化技术技能人才的培养过程进行监控和评估，确保培养质量符合国际标准和企业需求。同时，评价体系还能为优化培养路径提供数据支持，促进人才培养体系的持续改进。

（1）评价体系的构建原则。

① 科学性。评价体系应基于科学的方法和理论，确保评价结果的客观性和准确性。

② 全面性。评价体系应涵盖知识、技能、态度、价值观等多个维度，全面反映国际化技术技能人才的能力素质。

③ 可操作性。评价体系应具有明确的评价指标和评价标准，便于实施和操作。

④ 动态性。评价体系应随着国际形势、产业发展和技术进步的变化而不断调整和优化。

（2）评价体系的主要内容。

① 知识评价。考查学生对国际化技术技能领域相关知识的掌握程度，包括专业知识、国际法规、跨文化交流等。

② 技能评价。评价学生的实际操作能力和问题解决能力，如专业技能、外语应用能力、团队协作能力等。

③ 态度评价。考查学生对国际化技术技能人才培养的认同度、学习态度和职业精神等。

④ 价值观评价。评价学生的国际视野、文化认同、社会责任感等价值观方面的表现。

（3）评价体系的构建方法。

① 建立评价指标体系。根据国际化技术技能人才的培养目标和要求，制定具体的评价指标和评价标准。

② 选择评价方法。结合实际情况，选择适合的评价方法，如问卷调查、访谈、测试、项目评估等。

③ 实施评价。按照评价指标体系和方法，对国际化技术技能人才的培养过程进行定期或不定期的评价。

④ 反馈与改进。根据评价结果，及时反馈给相关部门和学生，并提出改进建议，促进人才培养体系的持续优化。

第四章

职业教育国际化高质量发展路径研究

第一节　职业教育国际化高质量发展的意蕴、内涵及关键表征

社会对建立现代职业教育体系的呼声越来越高，职业教育国际化既是现代职业教育体系的一个重要组成部分，也是实现现代职业教育体系的一个重要手段，其高质量发展，如高水平国际化的职业院校，具有国际影响力的专业标准、课程标准、教学资源，能够"走出去"的教学装备，具有不可或缺的重要意义。随着职业教育国际化发展进入到质量提升新阶段，"高质量"成为当前中国职业教育国际化发展的目标，该转变对职业教育国际化相关问题研究具有方向性指导意义。

一、职业教育国际化高质量发展的时代背景

2016 年 4 月，中共中央办公厅、国务院办公厅印发《关于做好新时期教育对外开放工作的若干意见》，标志着我国教育对外开放进入"提质增效"期。此后，国家将职业教育国际化提升到了前所未有的高度：2016 年，教育部印发的《推进共建"一带一路"教育行动》赋予职业教育"走出去"重要使命；2019 年，国家"双高计划"明确要求高职院校切实提升国际化办学水平，积极参与"一带一路"倡议和国际产能合作，培养国际化技术技能人才，促进中外人文交流；2020 年 9 月，教育部等九部门印发的《职业教育提质培优行动计划（2020—2023 年）》指出，实施职业教育服务国际产能合作行动……提升职业教育国际影响力；2021 年 3 月，《中华人民共和国国民经济和社会发展第十四个五年规划和 2035 年远景目标纲要》提出：要加强教育领域对外合作和援助，开展职业教育国际合作是参与全球教育治理的重要内容。2021 年 10 月，中共中央办公厅、国务院办公厅印发的《关于推动现代职业教育高质量发展的意见》以提高质量为主题主线，提出"打造中国特色职业教育品牌"等任务，并提出到 2035 年职业教育整体水平进入世界前列的目标；2022 年 5 月正式实施的《中

华人民共和国职业教育法》提出："鼓励职业教育领域的对外交流与合作"。

二、职业教育国际化高质量发展内涵

国际化是职业教育的重要发展战略，是加快完善现代职业教育体系的实现路径，更是职业教育高质量发展的必然选择。在当前背景下，职业教育国际化高质量发展具有政治、经济、文化的重大意义，更有其丰富的内涵及表征，对职业院校国际化发展的策略及路径具有行动指导作用。

职业教育国际化是指中外教育机构、企业之间的跨国界、跨民族、跨文化的国际交流与合作，是将国际先进的教育理念与国际化合作交流的优秀成果融入职业院校的教学、科研和服务等诸功能中的动态过程[①]。职业教育国际化高质量发展需要考量职业教育国际化服务及交流所呈现的质与量的性价比情况，是否高质量取决于国际化项目在政治、经济、文化3个层面是否取得了显著成效，包括培养国际化技术技能人才、跨国跨境传播技术技能、服务跨国企业开展国际产能合作、促进当地就业创业、促进中国文化传播与中外民心相通等。

（一）政治内涵：有助于促进人类命运共同体平等协同发展

在不同的政治形态与价值体系下，职业教育国际化的理念、内容、路径、方法、管理形式、培养目标存在很大差别，中国职业教育国际化的核心内容是深入开展社会主义核心价值体系的学习教育，其本质是平等协同发展，而西方职业教育国际化践行资本主义核心价值观的教育，其本质是资本扩张与文化入侵。在"人类命运共同体"理念下，忽略价值观差异，通过推进职业教育国际化交流合作，促进世界各国人民职业教育的平等发展、共同发展，促进世界各个地区经济协同发展，服务全世界各国人民追求美好生活的共同诉求，解决地区差异带来的不和平因素。各国之间，需要跨越政治意识形态差异，把职业教育国际化发展立足点设置为"人类命运共同体"的协同发展，共享优质职教资源，开展合作交流，共创人类美好生活：一方面，职业教育发达国家与发展中国家之间互学互鉴、优势互补、平等对话、各取所需，解决政治差异导致的分歧，促进良好的国际关系，另一方面，发展中国家在政治领域凸显教育崛起，从政治边缘逐步走向世界舞台，发出自己的声音，表达自己的诉求，为当地培养经济社会发展急需的技术技能人才。

（二）经济内涵：有助于服务全球经济发展

职业教育国际化与全球经济社会发展紧密相连，它不仅仅是一个国家职业教育高质量发展的内在需求，也不仅仅服务国内企业对外发展的国际化技术技能人才需要，而是服务全球经济共同发展，是面向经济全球化的一个重要课题，对促进国际化就业、助力输出国当地经济发展、增进输出国当地人民福祉具有重要意义。职业教育国际化首先通过立足输出国的产业链，通过产教融合、校企合作、工学结合、境外办学、合作办学、招收留学生等国际化办学项目及合作交流等国际化活动全程融合产业链，制订量体裁衣的国际化人才培养方案，有针对性地培养当

---

① 姬玉明. 关于我国高职教育国际化现状的思考[J]. 教育与职业，2015（10）：107–109.

地所需的国际化技术技能人才，制定国际通用的课程标准、实训标准，使职业教育形成品牌效应，输出的国际化人才能够传播技术技能、制定并实施技术方案，解决跨国企业的技术问题，唱响"融"字主旋律，主动融入当地社会，在促进当地经济发展的同时，积极履行社会责任，开展爱心公益活动，帮助解决当地民众的实际困难，服务输出国经济发展。

（三）文化内涵：有助于促进中外民心相通

2016 年，《教育部关于印发〈推进共建"一带一路"教育行动〉的通知》（教外〔2016〕46 号）提出，"开展更大范围、更高水平、更深层次的人文交流"[①]。2017 年，习近平在《团结协作　开放包容　建设安全稳定、发展繁荣的共同家园》的讲话中表示，要"拉紧人文纽带"，促进各国民众特别是青年一代心灵相通。以文化交流为本质的高等教育国际化的目的并不是在世界范围内建立统一的或者是一元化的模式，而是在保证不同文化的个性的基础上，实现不同文化之间的交融，它以国家主权和不同文化的存在为前提。民心相通了，共同语言就多了，文化冲突就少了，彼此之间就能够互相欣赏、相互尊重、和谐共处。为促进民心相通，国家通过制定各种政策，与相关国家发起互办文化年、旅游年、艺术节等国际文化活动，推动各国展现各自的民族特色，感受不同文化风采，增进相互了解认知，激发文化好感和文化共鸣，并产生了大量"民心相通"建设成果，这为职业教育国际化高质量发展奠定了良好的民意基础，走出了民心相通的第一步。

职业教育方面，通过国际合作办学、国际师生交流、国际论坛与讲座、国际职教赛事等国际化项目，以及举办各种跨境、跨校艺术文化交流等各种人文交流形式，既传播技术、共享资源及经验，同时，也让走进中国的外国人切切实实感受到了中国人民的热诚开放，中国文化的多姿多彩，中国国力的日渐强大，从而产生了学习中文、了解中国的兴趣，通过"言相通"促进实现"心相通"。另外，中国职业教育"走出去"专业大多是铁路、城建、机电、中医、农业、航空等涉及国外民生工程的专业，并且日渐形成了职教品牌影响力，如职教界的孔子学院、鲁班工坊、丝路学堂、中药堂等，这些品牌让全世界了解了中华传统优秀文化，传播了中国传统与新兴工艺、中国工匠情怀，为增进国家民间交往和理解，促进民意相通，为世界不同文明与文化间的对话合作提供有力支撑。

三、职业教育国际化高质量发展关键表征

（一）关键外部表征

1. 从上到下顺畅沟通的国际化发展交流机制

职业教育国际化高质量发展，首先需要非常完善健全的制度体系和良好的机制生态，从上到下需沟通顺畅，具体包括以下 3 个层面。

（1）在宏观层面，教育主管部门需加大与国际合作教育相关的法律法规与政策建设工作，

[①] 张磊，邱懿，何正英，等. 构建职业教育国际交流合作新格局的逻辑内涵与实践路径[J]. 中国职业技术教育，2022（22）：5–11.

完善国际合作项目的准入制度、质量监控机制及退出机制。科学而有力的政策规范和法规既可以正确引导职业教育国际化发展大方向，也能为职业教育国际化的顺利开展提供保障。2016年4月，中共中央办公厅、国务院办公厅印发《关于做好新时期教育对外开放工作的若干意见》，明确指出：推动教育国际化发展的重要举措之一就是要通过完善体制机制，提升涉外办学水平①。

（2）在中观层面，省级主管部门需要制定各种规章制度，协调上级主管部门与下级高职院校，引导、监管各种国际化项目的优质发展。职业教育国际化发展离不开当地政府的大力支持，各级政府在政策、规章制定过程中需综合考量各职业院校国际化发展路径是否符合本地经济发展特点，各地国际化项目及资源是否能平衡发展、有效配置，是否能有效服务当地国际化企业"走出去"，并制定各种规章制度确保已有国际化办学项目施教全过程能够得到有效的管理。

（3）在微观层面，各职业院校应当针对学院国际化事务管理机构进行调整、优化乃至重构，明确不同机构在职业教育国际化中的具体分工和责任，提升学校层面的工作效率。首先需要成立负责国际化事务的专门部门，完善国际化事务相关制度，如国际化项目协议制度、国际化项目负责人制度、国际化项目监控机制、国际化项目激励机制、交流生选拔机制、国际化项目保障制度等。国际化项目协议制度和负责人制度，用于确保国际化培养项目能具体有效地落实，对项目合作的框架及主要合作内容进行明确规定；国际化项目监控机制从校、院、系部等层面对国际化交流与合作项目及活动进行全面监督，实时监控国际化项目的质量；国际化项目激励机制用于激励国际化管理优先的二级部门及参与国际化项目的教师，将业绩纳入教师教学及职称考核体系，在年终绩效中给予奖励；交流生选拔机制涉及交流生的选拔及课程学分互认等；国际化项目保障制度从财务上保障国际化项目的平稳进行，也保障学生出国学习期间的各项权益。

2. 灵活应对恶劣环境的国际化发展应对机制

在疫情影响下，逆全球化趋势加重，使得各国高校及国际教育组织之间的国际交流与合作也同样陷入困境，对国际高等教育领域产生不可逆转的变革式影响。职业教育国际化发展面临恶劣环境。首先，需从思想上积极应对，必须认识到职业教育国际化发展过程中会面临各种风险，带来巨大挑战，只有不断克服困难，创新国际化发展模式，才能平稳发展。其次，需要在行动上积极应对，各高职院校需健全应对机制，不断完善外事接待、外教管理、国际生培养及管理、国际化合作办学模式、留学生管理等国际事务管理模式，改变工作思路，革新教育技术手段，有效利用"互联网+"远程教育、在线教育、在地国际化来创新内部管理，以新方法新路子积极应对新危机。2020年6月，教育部等八部门印发的《关于加快和扩大新时代教育对外开放的意见》强调，要扩大在线教育国际辐射力，支持各级各类学校和机构开发具有中国特色和国际竞争优势的专业课程、教学管理模式和评价工具，将疫情对国际化建设的冲击最小化。运用"互联网+"远程教育模式，加强在线英文资源与英文平台建设，提升在线课程服务国际化人才培养的能力，通过数字平台开展合作项目洽谈工作，完成国际学生在线面试、注册、考试、论文答辩等工作，强化教师国际化双语能力提升，做好教师跨境教

---

① 胡昳昀，范丽珺. 后疫情时代高等教育国际化发展的风险及规避策略研究：基于风险社会理论的视角[J]. 高教探索，2021（5）：12-19.

学服务工作，探索线上跨境合作新形式。

3. 同频共振合力发展的国际化发展协同机制

职业教育国际化发展仅仅靠政府和职业院校推进，很难培养出具有国际视野的综合型人才，只有协同国内外各类资源，走多元主体协同的道路才是最佳行动方案。职业教育国际化高质量发展需秉承"共商、共建、共享"理念，在全球、全国、全省范围内，推动职业院校与政府、社会组织、企业及不同职业院校之间的协同发展，同频共振，多方协调，各取所需，各自达标。

首先，大力推动国际间协同发展。一方面，引进国际上职业教育国际化先进经验与优质资源，建立院校之间的院校标准互通、学分互认机制，推动优质教育资源共享，推动国家间职业院校师生交流，联合开展人才培养，协同推进国际化办学，与国外的高校一起构建国际职教发展协同体系。另一方面，大力加强与国际联盟、国际社会组织、跨国企业等的合作，加大与"一带一路""金砖"等国家的国际化优质输出服务，共建国际职教发展协同体系。

其次，大力推动国内校企间协同发展。各高职院校需要根据自己的办学特色，做大做强专业群，紧密对接当地产业，主动联手相关企业，协同行业协会建立职业教育理事会，共同构建职教集团，通过职教集团实现校企行的深度合作，互惠互利，着力构建特色鲜明的学科专业体系，创新办学和人才培养模式，成为具有中国特色的具备国际竞争力的职教品牌，使其专业建设为业内认可，技术技能人才为行业企业赞赏，能够为行业企业发展解决实际问题，产生充分的经济、社会效益。

最后，大力推动国内校际间协同发展。国际化发展靠单枪匹马难以形成大的品牌效应，产生的影响也不够深远，但是，如果在相同、相近专业领域具有优势的院校强强联合、共同发展，其辐射作用将更加明显。以飞机维修专业为例，长沙航空职业技术学院、张家界航空职业技术学院、西安航空职业技术学院等院校都开办有此专业，如果各高职院校间展开合作，互利共赢地开展国际化办学，充分发挥每一个学校的资源优势，将能共同稳步推进高职教育国际化的实施进程。

（二）关键内部表征

1. 符合国际化企业要求的国际化人才培养

为推动高职教育高质量发展，须重新构建并深刻把握新时代高素质技术技能人才的能力素质模型，实现高规格的人才培养。我国已进入了产业转型升级、新兴产业加速发展的新时期，在国家实施开放崛起战略的大背景下，经济上实施国内国际双循环发展格局，社会各行各业对技术技能人才的国际化素质提出了明确要求，因此，需顺应新格局，制订符合国际化企业要求的国际型人才培养方案，为企业量身定做地培养一批具有中国工匠情怀、熟悉国际惯例和规则、具有国际视野、深刻了解中国国情的德才兼备的"技能+语言"国际型技术技能人才，通过制订并实施国际化人才（职业化+专业化+外语交流能力，并具备在海外解决问题的能力）培养方案，培养企业海外发展需要的国际化人才。

2. 开发国际通用的职教标准

高职院校高水平专业建设，要以国际领先为目标，使中国标准逐渐走向世界话语权的中心，形成有影响力的中国职教标准。

第一，对接国际先进标准进行专业建设。以焊接专业为例，焊接专业国际标准主要包括轨道交通企业认证 EN 15085、焊接技术人员认证 ISO 14731、焊工认证 EN ISO 9606、焊接指导教师 DVS 1157 等，对这些标准进行本土化改造，构建中国特色的焊接类专业人才培养质量保障体系。

第二，抓住中国在轨道交通、杂交水稻，智能制造等方面的产业优势和企业的对外需求，拓宽国际标准对接渠道，积极参与到相关职业标准的制定中，开发国际通用的专业标准与课程体系、配套教学资源与教学装备，推进高职院校特色专业标准及课程体系国际认证、国际推广与应用。

3. 胜任交流实践的高水平国际化师资

国际化师资是职业教育国际化发展过程中的关键要素，也是国际化教育教学水平的决定性影响因素。只有师资队伍国际化，才能推动职业教育现代化，才能推动中国职业教育真正走向世界。职业教育的对外开放、后疫情时代的在线教育、教育的职业适应性等都对高职院校国际化发展提出了新的要求，因此，需要打造一支具备国际视野与能力、专业结构合理、具有较高智能素养的复合型国际化师资队伍。在师资队伍建设上，一方面，可以通过聘请外籍教师或者有海外经验的专业教师，改善教师队伍结构，提高教师整体层次和水平；另一方面，需要加大本地教师的培养力度，从制度上完善教师国内双语培训与海外交流的培养机制，打造"专业教师+英语教师+行业导师"团队，提升自身的国际化素养和工作能力，立足中国，面向全球，认识和理解不同国家的政治制度、文化背景、宗教信仰，掌握相关的国际常识和国际惯例，具备让拥有不同文化背景的师生和平共处、拓宽视野的能力[1]，并通过参与国际技能大赛和世界职业技能大赛等项目，参与海外产业学院、鲁班工坊等建设，使教学团队不断增强国际化实践能力。

4. 服务当地外向型经济发展的国际化合作项目

职业教育国际化肩负着服务国家外向型经济发展战略的使命，因此，职业教育国际化如果想高质量发展，其专业建设、人才培养目标、课程建设、教学模式、教学活动等都需与外向型产业融合，以服务当地外向型产业发展为导向，紧跟外向型产业发展趋势，突出专业集群化建设方向，培养具有交叉学科能力和跨界迁移能力的国际化技术技能人才，还应参加外向型企业实践项目，参与大力推动当地经济发展国际化交流项目，服务国家经济发展的双循环结构。这既是职业教育内涵发展的要求、是与区域外向型产业紧密联系的高职教育发展形态，也是职业教育形成品牌影响力、走向国际的目标所在。

5. 形成具有知名度的中国职教品牌

职业教育国际化发展是职业教育发展到一定阶段的必经之路，是其做大做强的明显特征。推动职业教育国际化发展，是职业教育"大有可为"的生动写照。中国职教经过几十年借鉴、摸索、发展、壮大的过程，已经逐步形成了具备"鲁班工坊""中医堂"等具有国际影响力及竞争力、彰显中国特色的教育国际化品牌，并在服务"一带一路"共建国家的经济发展、服务输出国当地企业方面发挥了重要的作用，这些职业教育品牌主动服务国家重大战略，建设海外学习中心，开展多层次职业教育和培训，培养中国企业海外生产经

---

① 杨玥. 多元主体协同推进职业教育国际化的逻辑理路及路径[J]. 天津中德应用技术大学学报，2021（3）：61–64.

营需要的、符合中国企业用人标准的本土化人才。英国鲁班工坊开发的国际化教学标准经核准认证纳入英格兰国家普通和职业学历框架，实现了中国职业教育标准进入英国职业教育体系的新突破。

但是类似中国特色品牌在数量上还屈指可数，而且对接的国际通用专业标准、课程标准、实训标准在数量上远远不够。因此，中国职教一方面需要对接对外开放战略，适应国际趋势、促进国际合作，让职业教育成为中国教育"走出去"的名片、中国产业"走出去"的"伴侣"；另一方面还要开辟新路径，通过中国职教讲好中国故事、贡献中国智慧，进一步扩大我国在国际职业教育领域的话语权，进一步增强我国职业教育的国际影响力。

职业教育国际化发展是经济全球化发展背景下的必然趋势，是推动我国职业教育高质量发展的重要战略，也是职业教育做大做强的必然结果。提高职业教育国际化办学质量，是职业教育领域落实国家高水平对外开放战略的行动举措，也是我国职业教育积极参与全球教育治理、提升国际化影响力、推动职业教育高质量内涵发展的有效途径。经过几十年的发展，我国职业教育在国际化发展方面取得了明显的进展，合作规模不断扩大，领域不断拓展，深度明显提高，但还需要继续打造中国特色职教品牌的影响力，在国家职业教育逐步对外开放战略下，完成从最初的规模扩张到高质量发展中国特色职教品牌、形成国际影响力、走向国际舞台的完美蝶变，探索职业教育国际化高质量发展道路。

第二节　职业教育国际化高质量发展的现实之难与破解之道

2021 年，中共中央办公厅、国务院办公厅印发《关于推动现代职业教育高质量发展的意见》，提出要"积极打造一批高水平国际化的职业学校，推出一批具有国际影响力的专业标准、课程标准、教学资源。各地要把职业教育纳入对外合作规划，作为友好城市（省州）建设的重要内容"。2022 年修订实施的《中华人民共和国职业教育法》，总则第一条："推动职业教育高质量发展"；第十三条："国家鼓励职业教育领域的对外交流与合作，鼓励有条件的职业教育机构赴境外办学"。高质量成为新时代职业教育的关键词，对高职教育而言，提升质量是一个整体性要求，涵盖各个领域，国际化是其核心内容之一，也是职业教育高质量发展的结果和表征之一。职业教育做大做强，形成中国影响力，必然会走向国际舞台。

一、职业教育国际化高质量发展现实之难

从整体上看，我国职业教育国际化发展正处于高速发展时期，然而不容否认的是，其同时也面临着诸多现实难题。

（一）国际化发展构建从线性思维到系统思维难

线性思维是一种直线的、单向的、缺乏变化的思维方式。推动职业教育国际化高质量发展，难在需要摒弃简单的线性思维方式，以系统性、整体性思维构建国际化发展体系。"走

"出去"模式需要睿智的国际化视野、强大的国际化师资、高素质技术技能人才培养，没有高素质内涵建设基础，没有从上到下的整体策划，没有完整的国际化发展机制，"走出去"谈何容易。

宏观而言，中国职业教育国际化发展已经具备了这种系统思维，建立国家、地方主管部门及高职院校协调发展机制，融合"产业、行业、职业、专业、学业"协同发展机制，实施"借鉴发展强内涵—创新发展求突破—特色发展树标杆"的发展路径。但是，从每一所高职院校具体实施情况来看，完全具备此种思维方式来进行国际化发展的并不多，具体表现如下。

第一，对接国际化标准打造专业标准—打造高素质国际化师资—完善国际化内涵建设—加强国际化项目管理及监督等，只能说从流程和形式上完善但质量上未突破。

第二，大部分高职院校职业教育国际化活动依然是线性思维特征显著——"引进来"模式。

第三，当前国内职业院校在合作对象及合作方式的选择上存在盲目性、无序性，并且现有合作模式表面性、单一化倾向明显。

建立从中央到地方、从政府到学校各层级完备的组织架构和制度体系是职业教育国际化高质量发展的基本保障。

（二）国际化发展构建从规模发展到优质发展难

我国高职教育发展经历了地位确立、规模扩张、内涵发展到目前做优做强 4 个阶段，从本质上来说，做优做强阶段即追求高质量发展阶段。高质量发展是我国职业教育改革与发展的本质要求和价值追求，提高职业教育国际化水平和影响力是职业教育高质量发展的题中应有之义①。职业教育国际化发展是推动我国职业教育高质量发展的重要战略，也是职业教育做大做强的必然结果。

职业教育国际化发展必须经历从数量、规模、形式等量变积累到完成内涵建设的质变，才能达到高质量发展。当前，中国职教体系已经完成了从无到有、日趋完善、成为教育类型、颇具中国特色的发展过程。随着中国企业和产品"走出去"、服务共建"一带一路"，职业教育已与 70 多个国家和国际组织建立了稳定联系。

2019 年，双高计划实施，国际化作为十大板块之一，从客观上极大地推动了高职院校的国际化发展，各种类型的国际化办学项目在中国职教领域落地开花，合作模式丰富，从中外合作办学、境外办学、海外技术培训、来华留学生、中外联合办学、互访互学等，在发展模式上，也完成了从"单向引进借鉴"向"双向共建共享"的转变。

可以说，我国职业教育国际化发展已经初具规模，但从全国范围来看，很多属于"握手寒暄""签订协议""你来我往"的浅表层次交往，高质量的国际化活动屈指可数，原因如下。

第一，近几年受疫情、霸权主义及局部战争等因素影响，大部分国际化活动仅限于线上，大部分职业院校的国际化项目质量难以保证。

第二，大部分职业院校开展的国际交流合作项目内容及形式单一，同质化严重，结合院校及所在区域特点的国际化项目更是少之又少。

---

① 李瑞林，李正升，张兴涛. 职业教育国际化高质量发展：价值意蕴、现实困境与推进策略[J]. 中共云南省委党校学报，2022，23（6）：164–172.

第三，具备像"鲁班工坊""丝路学堂""孔子学院"等有影响力的职教品牌为数不多。

（三）企业真正成为国际技术技能人才培养主体难

2022 年 10 月，中共中央办公厅、国务院办公厅印发《关于加强新时代高技能人才队伍建设的意见》，提出构建以行业企业为主体、职业学校为基础、政府推动与社会支持相结合的高技能人才培养体系。"制造强国""开放崛起"战略的提出推动了大量企业走出去，也产生了大量对满足企业海外生产、经营、设备管理等需求的国际化技术技能人才的强烈需求，这种人才的培养，需要企业作为培养主体全程融入，从国际化技术技能人才培养机制、人才培养方案、人才培养模式到人才评价与激励，这在现实之中有很大难度。当前，高职院校校企合作只有"校中企""企中校"等行动，但是普及还有难度。

（四）中国职业教育参与全球职教市场竞争难

中国职业教育从开始出现到现在不过几十年的时间，之前主要是西方发达国家如德国、英国、美国、澳大利亚等老牌职教强国在全球职教市场上占据了主要市场份额，并且它们一直把职业教育国际化办学作为重要的经济来源，一直占据着世界舞台中心。我国职业教育国际化在这种背景下谋求发展可谓困难重重，一方面，很久以来全球很大一部分国家都与这些国家进行国际化合作，与其办学优势及历史影响不无关系；另一方面，中国职教的特色和影响力依然有待加强，"请进来""走出去"项目在服务当地企业需求、促进当地经济发展上的影响力还不够，"走出去"就业的学生就业竞争力需要加强，不能只停留在"学分互认""互访交流"等形式上。

二、职业教育国际化高质量发展破解之道

（一）理顺机制，融入全要素，完善职业教育国际化发展框架

第一，在推进高等教育国际化内涵式发展的过程中，需要树立先进的办学理念，建立健全管理制度，并以创造性的思维在实践中稳步推进。

第二，理顺从上到下的机制框架。从教育部、各级政府相关管理部门到高职院校，从上到下统筹布局，并协调相关的影响因素，从而保障职业教育国际化发展顺利实施。顶层设计从国家战略高度规定了职业教育国际化的发展目标、活动内容和实践形式，通过制定相关政策、法规为职业教育国际化活动的开展提供法律依据。职业院校是职业教育国际化活动的具体实施者，通过学校的基层实践活动实现国家层面职业教育国际化的战略目标。因此，构建上下联动、系统完备的组织制度体系，充分发挥顶层把方向、搭平台、定政策的作用，激励职业院校结合自身实际开展特色化、差异化的国际化活动，探索符合自身发展阶段的国际化路径，推动顶层设计与底层创新的良性互动。

第三，理顺各个层面及各个要素之间的相互关系。职业教育国际化是一个涉及环境、观念、制度与实践操作，融合了人、财、物、信息和组织等要素的系统工程，是一个由点及面、由浅入深、由低到高的发展过程。

（二）对接国际标准，狠抓国际化发展内涵建设

我国职业教育国际化发展已初具规模和体系，接下来需要狠抓国际化发展内涵建设，大力提升职业教育国际化水平，这是职业教育质量提升的内在要求，也是职业教育发展水平的重要衡量指标。首先，以体制机制建设为重点，增强高职院校国际交流与合作能力。其次，以队伍建设和师资培训为核心，强化高职学校教师国际化专业背景，建立能翻译、能上课、能培训的高水平的国际化师资队伍。最后，以国际通用职教标准建设为抓手，实现"标准对接、中国特色、国际影响"的瓶颈突破。借鉴《悉尼协议》标准体系，全面推进专业建设，制定符合国际化企业要求的课程体系，建立教学工作诊断与改进机制，持续改进教学工作，提高教学质量，培养具有国际视野的高水平的技术技能人才。有效衔接中外教育办学标准和技术产业标准，开展相关的课程设计、教育资源开发、考核评价体系构建及相关证书开发等，是提升我国产业技能标准国际适应性的现实需要。

推动职业教育国际化高质量发展，需要建立从中央到地方、从政府到学校各层级完备的组织架构和制度体系，这是职业教育国际化高质量发展的基本保障。

（三）完善从人才培养到就业对接的"五业"培养制度

职业教育国际化高质量发展，需要相关利益主体参与到国际化技术技能人才培养的全过程中。从体制上建立学院与产业、行业、走出去企业、职业、专业的五业联动机制。

（1）加强与"走出去"企业联系，持续深入地开展中外技术合作项目，根据"走出去"企业的具体需求开展海外技术培训、境外办学等合作项目。由于"走出去"企业长年在海外，熟知当地政策，与其合作可使高职院校境外办学风险得以规避，从而更好地推进合作办学项目。"走出去"企业可以引进高职院校优秀学生到其境外企业实习和工作。

（2）更好地围绕区域产业发展，紧密依托地方产业优势，发挥企业的教育主体作用，深化产教融合，为地方产业数字化、智能化发展提供源源不断的复合型工匠人才资源，形成高职产业学院特有的人才培养模式。

（3）深化"产教融合"的合作模式，由以"走出去"为主转变为以"走出去""请进来"并重，增强实质性合作，实现办学理念深度交汇、联合培养模式深度融合。推动中国职业教育与境外职业教育的互联、互通、互利、共赢。

（四）加强与友好国家"定点""定向"发展合作范式

大国霸权在很大程度上阻碍了中国职教品牌走出去，须换一种策略。一方面，跟随政策动态，与共建"一带一路"国家进行"定点合作""定向合作"，急他们所急。另一方面，通过各种国际联盟组织，依托传统产业、重点领域，贡献职业教育的中国智慧、中国经验和中国方案，展示当代中国良好形象。

为了更好地与国际接轨，高职院校积极招收培养外国留学生，参加各种国际联盟组织，实施"鲁班工坊""郑和计划"等。通过培养留学生为我国"走出去"企业在海外基地提供人力资源保障。通过协会或国际联盟组织，如国际农牧业高等职业教育联盟，中国-东盟职业

教育联盟等，与世界各国加强交流合作，分享中国职教经验。依托中国教育国际交流协会等提升师生国际交际能力。通过这些平台，使得高职院校与国际高水平机构进行对话，了解目前国际教育发展动态和需求，从而真正使其走向世界。

在国家加快发展现代职业教育的背景下，中国职业教育要始终坚持国际化办学理念，开放办学，改变粗放式发展方式，转向高质量发展，解决制约高质量发展的瓶颈问题，走出中国，走向世界，服务国际产能，服务当地经济发展，创新探索并逐步开展有效的国际交流合作，在以内涵式国际化办学不断提升职业教育办学质量的同时，不断提升学校的办学质量和全球竞争力，逐步形成与国际高等职业教育发展相适应的开放办学格局，进一步提升高职院校的国际化办学水平，更好地服务区域经济社会发展。

第三节　职业教育国际化高质量发展实施路径
——以湖南职业教育国际化发展为例

在全球化日益加速的今天，职业教育国际化已成为推动地方经济和社会发展的重要力量。湖南，作为中国中部地区的重要省份，其职业教育国际化发展不仅关乎地方经济的转型升级，更是提升教育质量和国际竞争力的重要途径。本节将深入探讨湖南职业教育国际化高质量发展的实施路径，分析其在政策制定、国际合作、人才培养等方面的实践探索，旨在为其他地区提供有益的参考和借鉴。

湖南职业教育国际化高质量发展：时代背景、现实困境及实施路径

高质量发展是我国职业教育改革与发展的本质要求和价值追求，提高职业教育国际化水平和影响力是职业教育高质量发展的题中应有之义。国家大力推动职业教育国际化发展已经成为不争的事实。2019 年，教育部、财政部联合启动实施"双高计划"，强调"引领改革、支持发展、中国特色、世界水平……实现高质量发展"。高质量是一个整体性要求，涵盖各个领域，国际化是其中核心内容之一。《职业教育提质培优行动计划（2020—2023 年）》也明确要求"提升职业教育国际影响力"。

在这一背景下，湖南职业教育积极探索适合湖南特色的高质量发展路径，打造具有"世界水平、中国特色、湖南味道"的职业品牌，大力推进职业教育国际化进程。

（一）湖南职业教育国际化高质量发展时代背景——开放崛起促发展

湖南省紧跟国家对外开放的步伐，全面实施"开放崛起"战略。2020 年，《湖南省人民政府关于印发〈湖南省职业教育改革实施方案〉的通知》（湘政发〔2020〕2 号）提出推进优质职业教育资源走出国门、服务湘企"走出去"战略。

2021 年，《教育部 湖南省人民政府关于整省推进职业教育现代化 服务"三高四新"战略的意见》（湘政发〔2021〕5 号）明确提出：组建职业教育协同湘企湘品"走出去"合作

联盟，在境外重点建设一批技术技能人才培养基地和海外员工培训中心，培养一大批"高铁、制造、建筑、水稻湘军"，服务湖南本土优势产业，助推企业"抱团出海"。在湖南开放崛起的时代背景下，一大批湘绣、湘瓷、湘菜、湘茶等传统产业及轨道交通、工程机械、航空等新兴产业出海，国际化技术技能人才需求激增，湖南职业教育国际化迎来新的发展机遇。

（二）湖南职业教育国际化高质量发展现实困境

1. 外部环境仍存困扰

"一带一路"倡议进一步加速了湖南职业教育与世界融合的步伐，但湖南职业教育国际化发展外部环境仍存困扰。首先，由于全球经济低迷，西方职教强国把职业教育国际化作为重要产业，成为湖南职业教育"走出去"的竞争对手，当前湖南职业教育"走出去"主要面向"一带一路"沿线发展中国家；其次，中国经济发展速度放缓，一定程度上使职业教育国际化资金不足，影响湖南职业教育的做大做强；最后，席卷全球的流行病、此起彼伏的局部战争导致人口流动差，客观上阻碍了湖南与世界的交流，减缓了湖南职业教育走向世界舞台的步伐。

2. 内涵建设尚未深入

湖南职业教育国际化发展在涉外办学、来华留学教育、职教标准建设中取得显著成绩，然而，随着湖南省经济对外开放体量增大，外向型企业对国际化人才要求提高，这类要求直接指向内涵建设。目前，湖南职业教育在内涵建设上依然存在诸多问题：第一，国际化办学规模不大，呈零星式分布，湖南特色不多，品牌影响力不够；第二，国际化办学质量不高，成效不足，同质化现象严重；第三，校企合作层次不深，协同不足；第四，职教标准国际通用性不够，输出不多；第五，国际化师资力量不雄厚，能力不足。高职院校需要大力提升内涵建设，紧跟企业国际化发展动态，探索推动与湘企"走出去"相配套的发展模式，培养符合湘企海外生产经营需求的本土化人才。

（三）高质量国际化发展的实施路径

1. 在借鉴发展中强内涵

（1）打造国际化高质量发展的生态环境。完善湖南职业教育国际化发展生态，打造"高质量发展"生长土壤。省级行政管理部门须积极响应国家战略，出台国际化发展的政策，加强对高职院校国际教育、法律、政策、文化等方面的指导，做好职业院校的引领、协调与监督评估工作。各高职院校须针对自身特色与优势，高起点谋划国际化发展战略与规划，营造优良的国际化氛围，提供国际化发展保障资金，提升学校对国际化发展理念的认可度[①]。

（2）加速优质资源的引进借鉴。加强与德国、美国、英国、澳大利亚、加拿大等职业教育发达国家的合作，引进先进职业教育理念、专业与课程标准、教学资源，吸收国外职业教育国际化发展在理念突破、政策制定、发展途径、实施策略等方面的经验，借鉴国内其他省份优质高职院校的国际化办学经验，融合湖南社会、经济、教育、文化等方面的特点，为湖

---

① 刘丽欢. 从实然到应然：RCEP 背景下广西高职院校国际化发展研究[J]. 广西经济，2022，40（2）：70-74.

南职教国际化高质量发展奠定基础。

（3）大力加强内涵建设。遵循职业教育的本质特征，深化产教融合，强化与外向型企业的校企合作，与企业共建共享高质量国际化专业课程标准与教学资源、国际先进的实训基地，并进行推广和认证，组建由企业与院校构成的结构化师资团队，夯实国际化办学基础，提升国际化办学能力，联合开展国际化办学项目，优化国际化人才培养模式。

（4）在特色发展中突破。基于湖南经济、传统产业、新兴产业等特色，打造高铁、水稻等领域具有湖南特色与优势的国际化专业品牌，寻找国际化高质量发展的内部突破口。以这些专业品牌为依托，制定既符合国际化要求又具有湖南特色的专业质量认证标准，探索国际认可且具湖南特色的专业建设质量标准，打造湖南职业教育走出去国际化品牌。

2. 在创新发展中求突破

（1）创新国际合作办学理念。湖南职业教育国际化发展借湖南省政府"开放崛起"的东风，基于"增强服务、数字赋能、大力创新"等理念，创新国际化战略思维。一方面，有效结合国际化和本土化，处理好"引进"与"输出"的关系；另一方面，加强国际化整体规划，从全球一体化的角度衡量湖南职业教育对输出国当地经济发展的价值和功能，并根据当地经济发展水平制定差异化及特色化的合作策略，分阶段、有重点、特色化地推进湖南职业教育国际化输出，为湖南职业教育增值，为湖南"走出去"企业赋能，以"借鉴—创新—特色"高质量发展路径，使湖南职业教育国际化发展模式成为"当地离不开、业内都认同、国际可交流"的全球国际化品牌。

（2）创新国际化发展合作主体。湖南职业教育的国际化发展，需全方位加强国际合作主体创新。

第一，从合作国别及地方区域来看，改变传统上只与老牌职业教育发达国家如英国、德国、澳大利亚、美国等合作的输入式合作模式，响应湖南"一带一部""三高四新"等开放崛起战略，职教输出面向"一带一路"、非洲地区及南美国家与地区，面向"一带一路"建设中的新发展、新需求。

第二，创新校企协同育人平台，加快构建校企共生共荣共同体。强化"走出去"企业在国际合作中的主体地位，强化外企在国际化技术技能人才在"方案—培养—就业"过程中的重要作用，而湖南省人民政府相关部门要为企业制定激励、减税、校企协同境外办学专项资助等政策，提高企业、社会团体、各种国际化联盟参与国际职业教育的积极性和主动性，并提供各种平台，商讨、确定、推进国家的教育合作项目，定期发布国际交流与合作信息，破解地方高职院校国际交流与合作的信息障碍。

第三，从湖南省各级职业院校层面，需要调整战略思路，以专业龙头学院为主导建立起协同配合机制，避免各自为战，在竞争中寻求合作，实现抱团发展。同时，还需要大力加强与湖南省人民政府、社会组织、企业的协同发展。

（3）创新国际合作形式及技术手段。抓住数字化改革给职业教育国际化弯道超车带来的历史机遇，利用现代信息技术，借助人工智能、大数据等新技术媒介，通过平台升级、资源开发等方式，积极通过云端会议、云讲座、空中工作坊等新形式，创新推动各种国际学术会议、在线教学、合作交流，保障国际化合作主体的师师、生生、师生的相互交流，打破以人口跨境流动为主要交流方式的窘境，创新传统的国际化合作办学、境外办学模式，探索在地国际化、在线教育等国际化发展新形式，创新合作形式，多元发展，以应对疫情、霸权主义等风险带来的弊端。

（4）提升国际合作层次。湖南职业教育国际化发展必须有效服务当地经济社会发展，瞄准海外需求，增强职教国际化的适应性。面对湖南开放崛起的大好形势，充分发挥湖南职业教育国际化的服务功能，深化与国际化、外向型企业产教融合、校企合作，"宽领域、深层次、高水平"发展创新，在国际化项目办学及国际化培训项目方面，继续发挥湖南传统特色产业的合作优势，拓宽新兴产业合作领域，在形式上与时俱进，在领域中不断加深，在水平上不断提高，以增强面向湖南产业的适应性。

3. 在品牌发展中树标杆

（1）追求"湘"字特色。借鉴天津"鲁班工坊"、浙江"丝路学院"、江苏"郑和计划"、江西"天工学院"、四川"熊猫学院"等国际办学品牌，湖南职业教育高质量发展要在打造国际化项目品牌上下功夫，在"引进来""走出去"的发展道路上打造典型"湘"字特色。一方面，可充分利用湖南传统产业"湘绣""湘菜""湘瓷""湘茶""湘戏"等一批服务地方特色产业的"湘字牌"专业群，吸引海外学子来湘学习。另一方面，通过对接的"湘铁""湘工""湘商"等一批服务先进轨道交通装备、工程机械等新兴优势产业的"湘字牌"专业群，利用工程机械、轨道交通、航空动力产业集群在全球产业影响力，以及海外扩张的国际化技术技能人才需求，打造湖南特色品牌，加强校企合作，借助具有较大国际影响力的湘企，如中联重科、三一重工、远大空调等企业，借船出海，打造具有湘味的教育品牌，提升国际知名度①。

（2）追求国际标准。湖南职业教育国际化发展需要打破地域劣势，在内涵建设上大做文章，参照国际标准，制定与之相适应的具有国际影响力的国际技能标准、人才培养质量标准、课程标准、实训室建设标准及教学资源标准，推动湖南职业教育标准与国际接轨，深度参与全球职业教育质量评价标准、职业资格证书认证标准、学历学位认定标准制定，积极加入国际职业教育互认体系，规范国际化办学教学秩序，利用"中国-东盟职业院校技能大赛""世界技能大赛"等区域性国际技能竞赛契机，传播"湖湘职教故事""湖湘工匠精神"，实现专业课程国际化、师资队伍国际化和学生就业国际化。

（3）服务全球经济发展。近十年，湖南职业教育国际化发展有一个共同理念：为"走出去"湘企深度融入全球产业链、价值链和物流链提供国际化技术技能人才。一方面，驱动湖南经济发展，最终促进输出国如东南亚、非洲及"一带一路"共建国家当地经济发展；另一方面，通过"定向发展""以点带面"的方式，借政策之东风，湖南职业教育已经将课程、师资、人才培养模式、职业资格、实训体系、教学标准渗透、推广到这些国家及地区，并逐步向全球其他国家和地区发展。

---

① 曾怡华."一带一路"背景下湖南省地方高职院校国际交流与合作优化路径探析[J]. 高教学刊，2021（7）：18-21.

第五章

职业教育国际化创新发展研究

第一节 在地国际化——职业教育国际化发展创新模式研究

随着全球化的深入发展，高等教育国际化已成为不可逆转的趋势。然而，受地理位置、经济条件等多种因素制约，并非所有高校都能直接参与全球范围内的留学交换与合作项目。因此，在地国际化作为一种创新的国际化路径应运而生，它强调在本土环境下，通过一系列策略与措施，实现教育资源的国际融合与学生能力的国际提升。传统的职业教育国际化模式多依赖于学生或教师的跨国流动，这种模式在带来丰富教育资源的同时，也面临高昂的成本、文化差异带来的适应难题等挑战。在地国际化强调在不离开本土的情况下，通过创新教学方法，利用信息技术等手段，实现职业教育资源的国际化共享与交流。它打破了地域限制，降低了国际化成本，同时也有助于减少因文化差异带来的适应问题。在全球化背景下，这种模式对于促进职业教育的国际交流与合作、提高职业教育的国际竞争力具有重要意义。

一、在地国际化的概念与内涵

1999 年，瑞典马尔默大学副校长本特·尼尔森（Bengt Nilsson）提出在地国际化概念，其主旨是充分利用本土可及的国际资源实施国际化教育，通过本土校园的国际化、国内课程的国际化达成培养全体学生国际视野与跨文化能力之目标，一度被视作传统物理国际化的补充与完善。以提升全体学生的国际化能力、建设国际化课程为中心的在地国际化理念，不仅可以扭转传统物理国际化遵从的"优者愈优"的精英教育理念，促进普惠性、公平包容的高等教育国际化新观念的传播，还能加强国际化与民族化要素的融合，在本土校园中营造尊重多元文化、强调文明互鉴的国际化氛围，降低突发危机与逆全球化浪潮的负面影响。德国学者贝恩德·瓦赫特（Bernd Wächter）进一步补充了 Bengt Nilsson 在地国际化的观点，认为在地国际化是"高等院校中发生的除师生海外流动之外的所有与国际事务相关的教育活动"，这一定义扩大了在地国际化的人员和实施范围，使在地国际化得以运用于更广阔的实践语境中。其后，乔斯·贝伦（Jos Beelen）和埃尔斯佩思·琼斯（Elspetch Jones）将在地国际化界定为："高等教育机构在人才培养过程中，有目的地将国际和跨文化维度整合到面向国内学习环境中所有学生的正式和非正式课程中"，为国际社会提供了在地国际化实践的新方向，国际化课程的学习成为推动在地国际化的重要举措之一。我国学者张伟等认为：在地国际化是指在高等教育国际治理日趋明显的背景下，高校利用已有国际优质教育资源——国际学者、留学生、国外教材、跨境项目、多元课程与国际会议等——建设富有本土特色的国际性校园，为全体学生在校内提供接触跨文化与国际性事务的机会，进而实现培养高层次国际化人才的办学目标[①]。

二、职业教育在地国际化的定义与特点

（一）职业教育在地国际化的定义

职业教育在地国际化是指在本土环境中，通过引进国际先进的教育理念、教学方法、课程体系和教学资源，同时结合本地区的经济、文化和产业发展需求，实现职业教育的国际化发展，这种模式强调在保持本土特色的基础上，吸收和借鉴国际先进经验，形成具有地区特色的职业教育国际化发展模式。

（二）职业教育在地国际化的特点

1. 本土性与国际性相结合

职业教育在地国际化是一种注重本土性与国际性有机结合的教育模式。其特点与实践路径体现在多个方面。

首先，在课程设置上，职业教育在地国际化深入挖掘并传承了本土教育传统，保留了本土职业教育中实用性强、技能性突出的特点。同时，积极引进国际先进的职业教育课程，使学生既能熟练掌握本土技能，又能具备国际视野。其次，在教学理念上，职业教育在地国际化融合了本土传统的教学理念，如重视实践、注重工匠精神等，同时吸收了国际职业教育中以学生为中心、注重创新能力培养等先进理念，形成了一种独特而高效的教学模式。最后，在师资建设上，职业教育在地国际化不仅培养了一支具备本土教学经验的师资队伍，还积极引进国际职业教育专家，为本土教师提供国际交流与培训机会，进一步推动了职业教育国际化进程。这些举措共同提升了职业教育的国际化水平，为培养具有国际视野的高素质技术技能人才提供了有力支持，也推动了职业教育的转型升级和可持续发展。

2. 实践性与应用性突出

职业教育在地国际化的另一个显著特点是其实践性与应用性突出。这一特点体现在教育过程的各个环节中。

---

① 张伟，刘宝存. 在地国际化：中国高等教育发展的新走向[J]. 大学教育科学，2017（3）：10–17.

在课程设置上，职业教育在地国际化注重将理论知识与实践操作紧密结合，通过实践教学环节，使学生能够在实际操作中深入理解理论知识，提升技能水平。同时，积极与企业、行业合作，开展实习实训、项目合作等实践教学活动，增强学生的实践能力和职业素养。在教学理念上，职业教育在地国际化强调学以致用，鼓励学生用所学知识解决实际问题，培养他们的创新思维能力和问题解决能力。这种应用性强的教学理念，不仅提升了学生的综合素质，也为他们未来的职业发展奠定了坚实基础。因此，实践性与应用性突出是职业教育在地国际化的重要特点，也是其能够培养出高素质技术技能人才的关键所在。

3. 多元化与包容性共存

职业教育在地国际化的第三大显著特点是其多元化与包容性共存。这一特点体现在教育内容的丰富多样和教育环境的开放包容上。

在教育内容上，职业教育在地国际化融合了来自世界各地的先进教育理念和教学方法，形成了多元化的课程体系。这不仅为学生提供了多样化的学习选择，也促进了不同文化之间的交流与融合。

在教育环境上，职业教育在地国际化秉持开放包容的态度，尊重并接纳不同文化背景的学生和教师。这种包容性的教育环境，有助于培养学生的国际视野和跨文化交流能力，也促进了教育资源的共享和优化配置。

多元化与包容性共存是职业教育在地国际化的重要特征，它使得职业教育能够更好地适应全球化时代的需求，培养出具有国际竞争力的高素质人才。

三、职业教育在地国际化面临的挑战

在地国际化策略强调在本土环境中融入国际化元素，提升职业教育的国际竞争力。然而，在实施这一策略的过程中，职业教育国际化面临诸多方面的挑战。

（一）顶层设计质量不高与本土化融合困难

顶层设计是职业教育国际化的基础，但当前存在规划质量不高、难以与本土实际相结合的问题。一些职业院校在制定国际化战略时，缺乏深入的市场调研和需求分析，导致规划内容与本土产业发展需求脱节。同时，由于不同国家和地区的经济、文化、教育体制差异较大，引进的国外教育资源难以直接应用于本土教学，需要经历一个漫长的本土化过程。这一过程不仅耗时耗力，还可能因为文化差异而导致融合困难。

（二）校企合作深度不足与产业需求脱节

校企合作是职业教育国际化的重要途径，但当前存在合作深度不足、与产业需求脱节的问题。一方面，企业对于参与职业教育的积极性不高，缺乏与职业院校深入合作的意愿和动力。另一方面，职业院校在课程设置、教学内容等方面往往滞后于产业发展，难以满足企业对高素质技术技能人才的需求。这种脱节不仅影响了职业教育的质量和效果，也制约了职业教育国际化的进程。

（三）专业支持力量薄弱与国际化人才培养不足

专业支持力量是职业教育国际化的关键，但当前一些职业院校的专业设置和师资力量难以满足国际化人才培养的需求。一方面，部分专业缺乏国际化的教学资源和课程体系，难以培养出具有国际视野和跨文化交流能力的人才。另一方面，师资队伍的国际化水平不高，缺乏具备国际经验和跨文化交流能力的教师。这些因素都制约了职业教育国际化人才的培养质量。

（四）语言、宗教交流障碍与文化融合难题

语言、宗教交流障碍是职业教育国际化面临的又一挑战。不同国家和地区的语言、宗教和文化差异较大，这在一定程度上限制了职业院校与国外的交流与合作。同时，由于文化差异和宗教信仰的不同，职业院校在引进国外教育资源时可能会遇到文化融合难题。这些难题不仅影响了职业教育的国际化进程，也可能导致合作项目的失败。

（五）办学资源、资金欠缺与国际化投入不足

办学资源和资金是职业教育国际化的重要保障，但当前一些职业院校在办学资源和资金方面存在欠缺，难以满足国际化办学的需求。一方面，政府投入不足和社会资本参与度不高，导致职业院校在引进国外教育资源、提升国际化水平等方面面临资金短缺的问题。另一方面，由于职业院校自身实力有限，难以承担高昂的国际化办学成本。这些因素都制约了职业教育国际化的进程和效果。

（六）教学质量参差不齐与国际化标准不统一

教学质量是职业教育国际化的核心，但当前一些职业院校的教学质量参差不齐，难以满足国际化标准的要求。一方面，由于不同国家和地区的教育体制和教学质量标准存在差异，职业院校在引进国外教育资源时难以确保教学质量的一致性和稳定性。另一方面，由于职业院校自身的教学水平和师资力量有限，难以达到国际化标准的要求。这些因素都影响了职业教育国际化的质量和效果。

（七）师资水平有待提高与国际化视野拓展不足

师资水平是职业教育国际化的关键因素，但当前一些职业院校的师资水平有待提高，缺乏具备国际化视野和跨文化交流能力的教师。一方面，职业院校在引进外籍教师和培养本土教师方面存在困难，导致师资队伍的国际化水平不高。另一方面，职业院校自身的教学水平和师资力量有限，难以培养出具有国际视野和跨文化交流能力的学生。这些因素都制约了职业教育国际化的进程和效果。

（八）评估认证体系缺失与国际化认可度不高

评估认证体系是职业教育国际化的重要保障，但当前一些职业院校缺乏完善的评估认证体系，导致国际化认可度不高。一方面，不同国家和地区的评估认证标准存在差异，导致职业院校在引进国外教育资源时难以获得国际认可。另一方面，职业院校自身的评估认证体系不完善，难以确保教学质量和人才培养质量达到国际化标准的要求。这些因素都影响了职业教育国际化的认可度和影响力。

四、实施职业教育在地国际化的策略与建议

在全球化日益加深的背景下，职业教育国际化的重要性日益凸显。为了更好地推进职业教育在地国际化进程，本节提出以下策略与建议，旨在通过拓宽国际化理念、搭建宣传交流平台、推进课程国际化、鼓励虚拟流动、融入本土文化特征、强化跨文化教育等多维度措施，提升职业教育的国际竞争力和影响力。

（一）拓宽国际化理念

首先，要拓宽职业教育国际化理念。这要求职业院校管理者和教师不仅要有全球视野，还要具备跨文化交流能力。通过定期举办国际职业教育论坛、研讨会等活动，邀请国内外专家学者分享国际职业教育发展动态和成功经验，提升职业院校的整体国际化认知水平。同时，鼓励教师参与国际学术交流，提升个人专业素养和国际化视野。

（二）搭建宣传交流平台

在推进职业教育在地国际化的过程中，搭建一个高效、多元的宣传交流平台至关重要。这不仅有助于提升学校的国际知名度，还能促进跨文化交流与合作。为此，职业院校须充分利用现代信息技术手段，构建线上线下相结合的宣传网络。线上，可以通过官方网站、社交媒体平台及专业教育网站发布学校的国际化办学成果、课程设置、师生风采等信息，增强与国内外潜在学生和家长的互动。线下，则可以定期举办国际职业教育展、论坛、研讨会等活动，邀请国内外教育专家、行业领袖及学生代表共聚一堂，分享经验、探讨合作。同时，还可以利用这些平台组织文化交流活动，如国际文化节、国际美食节等，让师生在轻松愉快的氛围中增进对不同文化的理解和尊重。通过这些努力，职业院校能够更好地展示自身实力，吸引国际人才，同时也能够提升学校的整体国际化水平，为师生提供更广阔的视野和更多的交流机会。

（三）推进课程国际化

职业院校应根据国际产业发展趋势和市场需求，积极推进课程国际化，这是职业教育在地国际化进程中的核心环节。为实现这一目标，职业院校须采取以下措施：首先，鼓励教师参与国际化课程的设计与开发，引进国外优质教育资源，并结合本土特色，开发具有国际竞

争力的课程，以提升学生的专业技能和对不同文化背景下职业规范的理解；其次，推动双语或全英文授课，增强学生的语言能力，为他们在国际舞台上发展打下坚实基础；最后，通过与企业、行业合作，开展跨国实习、实训项目，让学生在实践中学习国际先进技术和管理经验，进一步提升其国际竞争力。这些举措共同构成了职业院校课程国际化的完整框架，有助于培养具备国际视野和跨文化交流能力的高素质人才。

（四）鼓励虚拟流动

在全球化背景下，鉴于现实条件下的人员流动限制，职业院校应积极拥抱数字化时代，鼓励虚拟流动，以低成本、高效率的方式推进国际化进程。通过构建在线学习平台，学生能够跨越地理界限，接触到全球优质教育资源，与国际学生共同学习、探讨，实现知识与文化的深度交融。同时，利用远程协作项目和虚拟实验室，国内外师生能够实时互动，共同参与科研项目、实践技能训练，不仅能提升学生的实践能力和团队协作能力，还能促进国际间的学术与技术交流。这种虚拟流动模式不仅突破了传统国际交流的局限，还极大地拓宽了国际合作的广度和深度，为职业院校的国际化发展注入了新的活力。

（五）融入本土文化特征

在推进职业教育国际化的进程中，职业院校不应忽视本土文化的独特价值。将本土文化特征融入国际化教育中，不仅能够增强学生的文化自信，还能提升职业教育的国际吸引力和影响力。通过开设具有地方特色的专业课程，如民俗艺术、地方历史与文化等，让学生在学习国际先进知识的同时，深入了解和传承本土文化。同时，举办文化交流活动，如国际文化节、传统手工艺展示等，邀请国内外学生、教师共同参与，促进文化的相互理解和尊重。此外，与企业、社区合作，开展结合本土文化的实习、实训项目，让学生在实践中体验文化的力量，培养具有国际视野和本土情怀的高素质人才。这样的教育实践，不仅丰富了职业教育的内涵，也为国际化教育增添了独特的魅力。

（六）强化跨文化教育

职业院校应致力于构建多元文化教育的课程体系，通过深入浅出的教学，让学生了解世界各地的文化、历史和社会背景知识，培养其文化敏感性和包容心态。为了让学生亲身体验多元文化的魅力，职业院校应组织丰富多彩的国际交流活动，如国际文化节、留学生交流活动和海外志愿服务活动等。这些活动不仅为学生提供了展示自我、广交朋友的舞台，更为他们提供了深入了解异国文化的难得机会，使他们在实践中感受文化的多样性，增强对国际社会的认知和理解。此外，职业院校应搭建跨文化交流平台，鼓励学生与教师、国际友人进行深度对话，分享不同文化背景下的观点和经验，从而拓宽他们的国际视野。同时，职业院校还应注重提升教师的跨文化素养，通过组织跨文化教育培训，增强他们的跨文化教学能力和国际视野，以便更好地引导学生融入多元文化的氛围，培养出既具备专业技能，又拥有全球视野和跨文化交流能力的复合型人才。

五、案例展示——长沙航空职业技术学院在地国际化建设

（一）国际化理念与定位

长沙航空职业技术学院秉持"立足航空，面向世界，全球视野，本土情怀"的国际化理念，将国际化作为发展战略的核心组成部分。学院明确自身定位为"培养兼具国际视野、专业技能和跨文化交流能力的高素质航空技术人才摇篮"。为此，学院通过优化教育资源配置，创新人才培养模式，积极推动教育教学与国际接轨，力求在全球化背景下提升教育质量和竞争力，实现学院的全面国际化发展，推动在地国际化建设迈上新台阶。

（二）国际化课程体系

1. 课程融合

学院在课程设计上实现了深度的国际化融合。在专业课程的设置中，学院不仅保留了原有的优质教学内容，还积极引入国际先进的教材和教学方法，使学生能够在学习本土知识的同时，接触到更为广泛和深入的国际知识。此外，学院还特别注重培养学生的国际视野和跨文化交流能力。为此，学院开设了一系列特色课程，如跨文化交流、国际商务、国际法等，这些课程旨在帮助学生理解不同文化背景下的商业和法律环境，提高他们的跨文化沟通能力。通过这样的课程融合，学生不仅能够获得扎实的专业知识，还能在国际视野和跨文化交流能力上得到显著提升。这样的课程体系，无疑为长沙航空职业技术学院的在地国际化建设提供了有力的支撑。

2. 全英文或者双语授课

学院在推进国际化课程体系建设的过程中，不仅注重课程的国际化融合，还积极推进全英文或双语授课模式。学院选择了《航空工程》《跨文化交流》等一部分核心课程和特色课程进行全英文授课。全英文授课不仅提高了学生的英语水平，还使他们能够直接接触到国际前沿的学术研究和行业动态。

同时，学院还鼓励教师在专业课《飞机维修文件手册查询》《飞机复合材料结构修理》中使用双语授课模式，即在讲解专业知识时，穿插使用英语和中文，以帮助学生更好地理解和掌握专业知识。这种双语授课模式既照顾到了学生的语言水平，又提高了他们的专业素养和国际竞争力。通过全英文或双语授课，学院进一步提升了学生的国际交流能力，为他们的未来发展奠定了坚实的基础。

3. 模块化课程设计

为了更加灵活地满足学生的学习需求，学院在国际化课程体系中引入了模块化课程设计。这一设计使得课程体系更加灵活多样，为学生提供了个性化的学习路径。模块化课程设计包括多个国际课程模块，涵盖了航空工程、国际商务、跨文化交流、国际法律等多个领域。学生可以根据自己的兴趣和发展需求，自由选择适合自己的国际课程模块。这种设计不仅增强了学生的自主学习能力，还使他们能够在自己感兴趣的领域深入探索。此外，模块化课程设计为学生提供更多的学习机会和资源。通过选择不同的国际课程模块，学生可以接触到更

多来自不同国家和文化背景的知识与观点，从而拓宽视野，提升综合素质。

（三）师生国际交流项目

1. 短期访学与实习

为了进一步提升学院的国际化水平，学院积极开展了短期访学与实习的师生国际交流项目。对于教师而言，短期访学项目为他们提供了一个与国际同行交流的平台。通过参加国外高水平大学的学术交流、研讨会议等，教师们能够及时了解国际最新的学术动态和教育理念，拓宽学术视野，提升自己的专业素养。对于学生而言，短期实习项目则为他们提供了一个宝贵的实践机会。通过与国外知名企业、研究机构的合作，学生们能够亲身体验国际化的工作环境，学习先进的生产技术和管理方法，提升自己的实践能力和职业素养。通过短期访学与实习项目，学院不仅加强了与国际同行的联系，还为师生提供了更广阔的学习和发展空间。这些项目不仅提升了学院的国际化水平，更为师生的未来职业发展奠定了坚实的基础。

2. 国际学术会议

学院始终致力于鼓励师生积极参加国际学术会议，旨在发表高质量的研究成果，并借此拓展国际学术网络。面对全球疫情的持续影响，学院积极调整策略，确保师生能够不受限制地参与国际学术交流。学院特别注重在线国际学术会议的重要性。通过精心筛选并推荐高质量的在线学术会议，为师生提供了参与全球学术对话的便捷途径。同时，学院还加强了与国际学术机构的合作，争取为师生争取到更多的在线参会机会。此外，学院还鼓励师生在会议前做好充分准备，确保他们能够在会议中发表有见地的观点，展示学院的研究实力。通过这些努力，长沙航空职业技术学院在新冠疫情期间仍然保持了与国际学术界的紧密联系，为师生的学术成长和职业发展创造了有利条件。

3. 线上国际课堂

面对全球新冠疫情的严峻挑战，学院积极创新，利用现代信息技术，开设了线上国际课堂，为师生提供了跨越国界的学术盛宴。学院特别邀请了多位海外知名专家，通过线上平台为师生授课。这些专家不仅带来了最新的学术研究成果，还分享了他们在各自领域的丰富经验和独到见解。师生们在家中就能与国际顶尖学者进行互动交流，享受到了前所未有的学习体验。

（四）国际教育资源引进

1. 国际合作项目

在新冠疫情全球蔓延的背景下，长沙航空职业技术学院积极调整策略，通过线上国际合作项目的形式，持续引进国际教育资源，为师生提供多元化的学习与发展机会。学院与多所海外知名高校及研究机构建立了稳定的合作关系，共同开展线上联合培养项目、远程学术交流活动及科研合作等。这些项目不仅涵盖了航空工程、国际商务等学院特色专业，还涉及跨文化交流、国际法律等前沿领域，为师生提供了与世界顶级教育资源直接对话的桥梁。学院设立有专门的国际教育资源中心，负责整合全球优质教育资源，为师生提供在线课程、电子图书、国际学术会议录像等丰富的学习材料。同时，中心还定期举办线上国际研讨会，邀请海外专家进行专题讲座，促进师生与国际学术界的交流与合作。

2. 外籍教师与专家

新冠疫情期间，长沙航空职业技术学院通过线上平台，持续引进外籍教师与专家资源，为师生提供国际化的教学与研究指导。学院积极协调外籍教师与专家，利用视频会议软件进行远程授课、学术讲座和一对一辅导，确保学生能够获得地道的语言学习体验和专业的学术指导。同时，外籍专家还参与了学院的科研项目，为学院的学术发展提供了宝贵的国际视角和建议。

3. 国际图书资料

新冠疫情期间，学院积极拓展国际图书资料获取渠道，通过与国际知名图书馆、学术机构合作，引入了大量电子图书、期刊论文及研究报告等国际化教学资源。学院还建立了线上国际图书资料库，为师生提供 24 h 不间断的访问服务，确保了学术研究与国际接轨，丰富了师生的学习资源和研究视野。

（五）跨文化能力培养

1. 文化体验活动

学院积极创新，通过线上平台举办了丰富多彩的文化体验活动，以培养师生的跨文化交流能力。学院邀请了来自不同国家和地区的留学生和专家，通过线上直播的形式，为师生们展示了各自国家的传统节日、风俗习惯、饮食文化等。师生们不仅可以观看直播，还能与嘉宾进行实时互动，提问交流，深入了解不同文化的精髓。此外，学院还组织了线上国际美食制作、国际语言学习等互动活动，让师生们在动手实践中体验异国文化，感受不同文化的魅力。通过这些活动，师生们的跨文化交流能力得到了显著提升，也为他们未来的国际交流与合作打下了坚实的基础。

2. 国际领导力培训

学院特别重视师生的国际领导力培养，通过线上平台，推出了一系列有针对性的国际领导力培训课程。这些课程由国际知名学者、企业家及前外交官等资深专家授课，内容涵盖国际视野培养、跨文化沟通技巧、团队协作与领导力提升等关键领域。师生们不仅可以学习理论知识，还能通过案例分析、小组讨论等互动环节，锻炼解决实际问题的能力。通过参加这些培训，师生们不仅提升了国际领导力素养，还增强了跨文化交流与合作的能力，为未来的职业发展奠定了坚实基础。

（六）国际化环境建设

1. 国际化校园设施

学院积极营造国际化校园环境，通过优化校园设施，为师生提供一个与国际接轨的学习和生活空间。学院特别注重校园设施的国际化改造，如增设多语种标识系统、国际文化展示墙等，让师生在校园内就能感受到浓厚的国际化氛围。同时，学院还引入了一系列国际化的教学设备和学习资源，如在线国际课程平台、虚拟实验室等，为师生提供与国际接轨的教学和学习环境。此外，学院还加强了与国际化企业的合作，建立了多个国际化的实训基地，为师生提供了实践锻炼的机会，帮助他们更好地适应国际化的职场环境。

2. 多语言标识系统

学院在校园内实施了多语言标识系统，为师生创造了一个更加开放、包容的国际化校园环境。学院特别邀请了专业的翻译团队，对校园内的各类标识进行了多语种翻译，包括教学楼、图书馆、食堂、宿舍等关键区域的指示牌和路牌。这些标识不仅涵盖了中文，还加入了英语、法语、德语等多种国际通用语言，方便来自不同国家和地区的师生能够快速适应校园环境。同时，学院还通过线上平台，向师生提供了多语言版本的校园地图和导航服务，让他们能够随时获取准确的校园信息。通过这些举措，长沙航空职业技术学院不仅提升了校园环境的国际化水平，还为师生的学习和生活提供了更加便捷、高效的服务。

3. 国际氛围营造

学院致力于打造一个充满国际氛围的校园环境，以激发师生的国际意识和跨文化交流能力。学院在校园内设置了多个国际文化角，展示来自不同国家和地区的文化特色、历史背景和艺术作品。这些文化角不仅美化了校园环境，还成了师生们了解世界、拓宽视野的窗口。同时，学院定期举办国际文化节、国际美食节等活动，邀请留学生和国际友人参与，让师生们在轻松愉快的氛围中体验异国文化，增进对不同文化的理解和尊重。通过这些活动，学院成功营造了一个开放、包容、多元的国际化氛围，为师生的国际化成长提供了有力支持。此外，学院还注重与国际化企业的合作，邀请他们参与校园建设，为师生提供更多与国际接轨的机会，进一步增强了校园的国际化氛围。

第二节　数字化赋能——职业教育国际化发展研究

2012 年，教育部发布《教育信息化十年发展规划（2011—2020 年）》（教技〔2012〕5号）；2016 年，教育部印发《教育信息化"十三五"规划》（教技〔2016〕2 号）；2017 年10 月，党的十九大报告提出：办好网络教育；2018 年，教育部印发《教育信息化 2.0 行动计划》（教技〔2018〕6 号）；2022 年，《教育部 2022 年工作要点》将"实施教育数字化战略行动"列为重点任务；"实施教育数字化战略行动，强调以教育数字化引领教育现代化"在2022 年全国教育工作会议被明确提出；同年，"推进教育数字化"首次被写入党的二十大报告。国家十多年来关于教育的数字化转型及升级行动，极大地加快了职业教育现代化进程，职业教育国际化是对此行动的全面响应，开始从国际化人才培养方案、专业建设、国际化课程建设、国际化师资建设等各方面思考和探索数字化转型路径。

一、职业教育国际化发展数字化战略的价值内涵

（一）职业教育国际化发展内涵突破依赖数字化转型做大做强

职业教育要达到现代化水平并具备国际影响力，"走出去"绝不是一句空口号，要求从

国家、省级相关部门到各个职业院校加强国际化发展内涵建设，加速国际化发展的政策及机制建设、国际化师资队伍建设、专业群及国际化课程体系内涵建设之国际标准对接建设、加强国际化服务能力建设等，在"互联网+"及信息化背景下，解构传统职业教育生态，建立实现职业教育现代化的创新环境，职业教育国际化发展内涵建设及外在因子建设都依赖数字化转型来化解问题、做大做强，这是实现职业教育"弯道超车"的必由之路，也是中国职业教育快速进入世界舞台、具备世界影响力的披荆斩棘的利刃。

（二）职业教育国际化发展外在风险应对机制赋予数字化战略发展契机

近几年的国际形势在客观上推动了职业教育国际化发展的数字化建设，各职业院校利用数字化手段作为外在风险应对机制，——破解职业教育国际化发展过程中各种风险因子带来的困扰，全力推进非常规状态下职业教育国际化发展，推进在线教育常态化。个别国家的霸权主义、国际局部战争、全球流行性疾病等造成了国与国之间人口流动严重受阻，导致国际间职业教育合作尤其是中国职教输出受到严重冲击，国际化办学规模减小，很多国际合作交流、境外办学项目因此停滞。为了突破上述困境，只能求助于在线教育与远程教育，通过在线注册、直播授课、观看在线课程、在线考试、远程辅导答疑、云讲座、云会议等数字化方式，来解决特殊情况下国际化办学所面临的问题。

二、教育数字化战略下职业教育国际化发展实施路径研究

（一）国家层面引领职业教育国际化发展的数字化改造及升级

第一，国家层面需要"以政策引领数字改革""以项目督促数字化升级"。教育部既需要出台与职业教育国际化发展配套的政策进行方向引导，同时也需要设置国际化发展相关数字化项目引领数字化改造升级，教育部需要继续以建设国家智慧教育公共服务平台、国家资源库为抓手，在职业教育板块中专门设置国际化板块，诸如"一带一路新成就""职教故事海外行""职教品牌工匠心"等类似专题学习及专区学习，向全球在线展示中国职教成就、中国职教故事，通过数字化手段继续加大"鲁班工坊""丝路课堂"等中国职教品牌的海外宣传，形成中国职教影响力。同时加大与国外政府、国外平台、国外职业院校在线教学交流合作，为世界职业教育在线教育贡献中国方案、提供中国技术、分享中国经验。

第二，国家层面需要"以赛促改""以奖促改"，加大数字特色融合国际化特色在全国职业院校技能大赛、教学能力大赛、全国在线精品课程、全国职业教育教学成果奖等评选奖项中的倾斜力度，并加强在线宣传推广。信息化手段已经成为全国职业院校技能大赛、教学能力比赛必不可少的评比指标，有必要加大对专业及课程群的国际化特色与双语特色的立项支持力度；在全国在线精品课程立项评选时，鼓励配套在线课程以国际化及双语为特色；同时在全国职业教育教学成果奖评比方面，加大专业群及课程群国际化发展成果的获奖比例。

（二）省级层面推动各类职业教育国际化发展的数字化转型项目

省级相关部门一方面需要积极响应落实国家职业教育国际化发展的数字化升级政策，依

托各种数字化平台如"大国长技项目"、省级专业教学资源库、省级在线精品课程等的国际化板块，积极推动职业教育国际化办学模式、教学方式和国际化人才培养的数字化转型，通过设置国际化项目，融入数字化评估指标，引导各职业院校申报国际化项目，并监督其实施工作。在项目实施中，创立国际化师资、国际化人才、国际化企业三方联动的数字化平台，推动国际化课程建设、国际化虚拟仿真实训室建设、数字化国际双语教材建设等工作。

（三）学校层面开展职业教育国际化发展的数字化项目内涵建设

1. 做好国际化发展数字化路径的顶层设计

第一，从学校层面，完成国际化发展配套政策制定、国际化发展目标设计、实践路径的顶层设计、部门及资金协调工作，制作国际化相关网页，进行外事宣传、外事新闻报道、国际化发展成果推广，并联手国际化企业开通数字化、国际化教学平台工作，开发虚拟仿真软件，融合真实与虚拟的国际化场景，增加海外实习渠道，提供尽可能丰富的国际化实习及就业平台和机会。

第二，增强国际师资数字化建设能力。加强国际化师资队伍信息化培训，提升信息化水平，提升国际化师资在线课程建设、微课制作、立体化资源建设的信息处理能力，增加信息化教师对国际化创新团队的融入，使师资团队成为"专业+英语+企业+行业+信息+思政"的国际化团队，使国际化团队在实施职业教育国际化项目时处理数字化相关问题能够游刃有余。

2. 督促二级学院国际化特色专业及课程群实施数字化改造计划

第一，制订具体的国际化专业及课程数字化融入计划。专业二级学院制订特色专业国际化发展目标、人才培养方案及具体实施计划，并全程详列不同阶段的数字化改造和提升的具体融入方式。

第二，大力实施信息化的国际化线下课堂。通过把信息化指标融入教师职业能力大赛、学期教学考评、在线精品课程建设等活动，全面督促教师把信息化手段融入国际化课程线下课堂的各个环节。课前，考察教师是否结合线上课程完成双语词汇、课程引入、思政融入等准备工作。课中，结合国际化线上课程的教学资源，考察是否实现教师与学生教育新生态，运用线上线下翻转模式，结合 PPT、英文微课、英文视频进行信息化教学，在教室大屏、电子白板、投影仪、平板计算机、手机中自由切换，在在线慕课、微信互动中自由翻转，使教师备课、教师讲课、作业推送、教师答疑、教学评价等教学活动与学生预习、自主学习、质疑、课后作业、学生学习活动双线并行，形成以学生为中心的授课模式，并通过学生线上反馈，以学定教，实时更新教学内容。课后，考察教学评价是否"有数可查""有据可依"，基于观看视频、线上答题、线上单元测试、线上期末考试、线上考勤等情况形成性评价数据，使终结考核成绩更加合理、更加公平。

第三，依托各种信息化平台开设国际化在线课程。立足数字化时代，依托中国大学慕课、中国智慧职教等数字化平台，大力开发特色专业国际化课程，加快推进现代信息技术与教学深度融合。通过设置国际化课程的素质、能力、知识三维目标，通过国际化课程概述、国际化课程学习导图、"专业+英语+企业+行业+信息+思政"的国际化师资介绍，通过设置合理的课程学习大纲，并上传英文微课、双语 PPT、英文视频、线上语言实践、线上课外语伴等学习资源，布置线上作业及线上测试题，做到"时时学""堂堂测"，形成全新的线上学习资源库，解决线下课堂不能"随时学""重复学""人人学"的问题，有效结合"MOOC（大规模在线课程）+SPOCs（小规模定制课程）+翻转课堂"教学模式，结合钉钉等直播账号、微信公众号，将国际化课程讲义、笔记、视频链接等补充资源推送给学生进行智化学习，有效突破传统教学存在的空间、时间、人数限制。

第四，大力开发职业教育国际化特色数字资源。首先，基于"走出去"特色专业，开发"出版社资源+线上课程+微信公众号"一体化国际化双语数字化教材，实现打破时空的跨国家、跨地区的教学模式，满足国际化学生自主学习需要。在国际化双语数字化教材建设中，对微课、音频、图片、题库等众多资源有序归类，定期更新。其次，开发数字仿真和虚拟现实技术，让学生在教室里能够感受国外工作场景、真实工作流程、具体工作任务，并能够全程模拟工作过程中的口语、写作交流，完成实践操作，提前演练国际化人才未来工作中有可能遇到的语言问题。最后，大力加强特色资源开发，制作词汇专讲、难句剖析、专业知识点、中国工匠、中国劳模等系列微课，从专业、语言及文化 3 个维度，从知识、能力及素养 3 个目标，制作具有全面性、整体性特色的数字化资源。

数字赋能是破解职业教育国际化发展过程中遇到的各种突发问题的有力手段，是"互联网+"时代实现教育现代化的大势所趋，是职业教育适用性增强的有力表现，是推动中国职业教育"走出去"的有效路径。数字化的本质是解构传统，创新重构职业教育新生态。从宏观、中观、微观 3 个层面构建实施国际化发展的数字化路径，系统、整体、协调地推进数字化改造和升级，加速职业教育国际化发展进程，迅速形成中国职教品牌国际影响力。

三、"双高计划"背景下职业教育国际化数字资源建设准则及路径研究

2019 年，随着教育部"双高计划"建设的推进，"提升国际化水平"被列入职业教育十大建设任务之一，职业教育国际化成为重要的发展趋势。通过开发国际通用的专业标准和课程体系，推出一批具有国际影响力的高质量专业标准、课程标准、教学资源，打造中国职业教育国际品牌，将职业教育融入全球国际化发展的大环境中，并与国际标准接轨[①]来"提升国际化水平"成为当前重要的研究方向。数字资源建设作为推动职业教育国际化的重要抓手，对于提升职业教育内涵与质量、推动职业教育走向国际舞台具有重要意义。在此背景下，精准对接数字资源具体的国际化准则、打造与国际标准接轨的国际化数字资源建设路径，从而推动职业教育快速优质地完成国际化发展，成为当前亟待研究的重要课题。

（一）国际化数字资源建设准则

国际化数字资源对接国际准则，不仅有助于提升数字资源质量、促进资源在全球范围内共享与交流，还有助于推动数字资源的可持续发展，提高职业教育的现代化水平和国际影响力，为相关行业、产业及外向型经济提供有力支撑。国际化数字资源须从以下几方面综合考量，从而提升数字资源的质量与价值。

---

① 包兵兵，刘河. 地方高职院校"在地国际化"办学提质增效的优化路径[J]. 教育科学论坛，2023（33）：16–20.

1. 国际技术标准对接

国际技术标准对接是一项复杂而烦琐的工作，需要明确需求、收集标准、分析差异、制定方案、细化实现、制订测试及评估方案等环节的紧密配合。为确保国际化数字资源在数据处理、存储、传输等技术层面与国际标准相一致，这有助于确保数字资源的互操作性和兼容性，促进不同系统之间的数据交换和共享。与此同时，还应加强数据质量控制，严格审查数据来源，确保数据的真实性及可靠性，并采用自动化工具和人工方法，清除错误、重复或不完整的数据。

2. 数据国际格式统一

为了确保数字资源在不同国家及地区间的无障碍流通和有效利用，数据格式与标准的统一成为关键所在。使用国际公认的数据标准和分类系统，如 ISO 标准等，通过统一日期格式、数据单位、编码标准、命名规范、数据结构、元数据标准、数据交换格式和数据质量规范等，确保数字资源的统一性、可理解性及互操作性，实现数字资源的无障碍流通及有效利用。不同来源的数据采用统一格式，可减少数据转换过程中的错误，有助于避免数据格式混乱，提高数据的可读性及可用性。

3. 信息安全保障

国际化数字化资源的制作及使用，需要遵循信息安全如数据安全、隐私保护等国际化准则，遵循这些准则可以确保数字资源在处理和存储的过程中符合相关法律法规和道德标准。另外，还应通过采用强密码策略、定期备份策略、打造安全网络环境策略及建立网络防火墙等有效措施保护数字资源免受未经授权的访问、泄露、损坏或篡改，确保用户隐私和数据安全。

4. 国际知识产权保护

尊重和保护知识产权是国际合作与交流的基础。数字资源对接国际标准需遵循国际知识产权法律法规，确保数字资源中所涉知识产权得到充分保护及合法利用。了解国际法律框架，熟悉世界知识产权组织（WIPO）和其他国际组织制定的系列国际条约和协议，明确国际化数字资源中哪些内容属于知识产权保护的范畴，并使用数字水印技术、加密技术等技术手段来有效保护数字资源的知识产权。

5. 多语种支持

鉴于国际化数字资源的全球性及跨文化性，国际化数字资源需要提供多语种支持，包括提供多语种界面、多语种内容翻译等，以确保不同国家及地区用户的理解与使用。翻译与本地化是多语种支持的核心环节，翻译涉及将原始内容转换为目标语言，而本地化则是根据目标语言和地区的文化及习惯进行适应性调整。在翻译过程中，首先需要选用专业的翻译团队和工具来确保翻译质量与效率，注意语言的习惯用法，避免直译导致的误解。另外，还需考虑不同文化背景下的价值观和习俗，确保数字资源不含有冒犯或歧视性内容。最后，由母语者进行校对，确保翻译的准确性及文化适应性。

6. 国际用户体验优化

数字资源的国际用户体验优化，需考虑综合用户需求、语言支持、文化适应性、易用性、反馈机制等多个方面，并确保不同平台间的互操作性，包括不同操作系统、浏览器、终端设备等，以扩大数字资源的应用范围和用户群。通过遵循国际用户体验设计标准，提供易用、友好的用户界面和交互方式，提高用户对数字资源的满意度和使用意愿，并通过不断优化和改进，为用户提供更加优质、便捷的职业教育数字资源学习体验。

（二）"双高计划"背景下职业教育国际化数字资源建设路径

"双高计划"旨在通过集中力量建设一批引领改革、支撑发展、中国特色、世界水平的高职学校和专业群，从而带动职业教育持续深化改革，增强职业教育的适应性和吸引力。数字赋能是职业教育适用性及吸引力增强的有力表现，是推动中国职业教育"走出去"的有效路径。探索职业教育国际化数字资源建设路径、推进职业教育国际化数字资源建设，不仅是对"双高计划"的积极响应，也是推动职业教育高质量发展的必然要求，是适应全球化趋势、培养国际化人才的重要举措。越来越多的数字技术与数字资源在助力职业教育国际化，因此，学校应为师生提供有针对性的数字技术教学指导，提升学习者的数字化和国际化素养[①]。

1. 加强国际合作与交流，引进国际优质数字资源

加强数字资源的国际合作与交流，引进国际优质教育资源，需要政府、教育机构、高职院校和研究机构等的共同努力和协作，通过搭建平台、建立机制、引进资源、提供资金支持和提高数字化水平等措施，更好地推动数字资源的国际合作与交流。

（1）建立国际合作与交流平台。建立一个全球性的数字教育资源共享平台，各国共享和交换优质教学资源，促进教育公平和提高教学质量。定期组织国际教育论坛、研讨会和培训班等线上线下交流活动，为各国教育机构、专家提供交流、学习机会。

（2）建立合作交流机制。随着信息技术的快速发展和全球化的深入推进，建立职业教育国际化数字资源方面的合作交流机制尤显重要。与其他国家或地区的教育机构、职业院校和研究机构等建立合作交流机制，包括合作伙伴选择机制、合作项目评估机制、项目管理机制等，签署合作协议，明确合作的目标、内容和方式。同时，建立数字资源信息共享机制，定期发布和更新国际优质数字资源的信息，方便各国教育机构和个人获取和使用，共同推动数字资源的国际合作与交流。

（3）引进国际优质数字教育资源。与世界知名高校及教育机构合作，引进国外优质数字化课程及优质数字资源，借鉴其职业教育标准、人才培养模式、教育教学体系的数字素养培养方式，以及在整个培养过程中采用先进的数字化技术，推进国际化教学改革，并定时邀请国外优秀教师和教育专家进行讲学、培训和线上学术交流等，提高国内教育水平和教师的专业、数字素养及国际化视野。

2. 加强数字资源建设与共享，推动专业课程国际认证

有效加强国际化数字资源建设与共享，推动数字资源的全球化利用和发展，并对数字资源进行高质量发展，推动专业课程国际认证与数字资源建设相结合，是提升职业教育质量和促进职业教育国际化的重要举措。目前，我国已建成包含各级职业教育专业教学资源库、精品在线课程、虚拟仿真示范实训基地等在内的大量数字资源，下一步要基于数字化转型确定

① 段世飞，钱跳跳. 数字时代高等教育国际化的空间建构及其风险治理[J]. 江苏高教，2024（5）：51-60.

统一的共享资源建设标准，建立共享资源管理制度，提升数字资源的国际化应用水平，为职业教育境外办学提供服务①。

（1）加强数字资源建设与共享。首先，进行国际化数字资源的有效整合，将分散在不同机构、部门和地区的职业教育数字资源进行统一管理和调配，形成统一的数字资源平台，建立统一的数字资源标准，实现资源的互联互通，避免资源的重复建设和浪费；其次，职业教育数字资源建设应紧密结合外向型产业发展需求，突出资源产业特色和国际化特色，针对不同行业、不同领域的特点，开发具有针对性的职业教育数字资源，使资源更加贴近实际，提高职业教育的适用性和针对性；最后，深化国际合作交流，与国际先进职业教育机构建立合作关系，引进国外优质教育资源，加强与德国、美国、英国、澳大利亚、加拿大等职业教育发达国家的合作，引进先进职业教育理念、专业标准、课程标准及教学资源②，同时也将我国优秀的职业教育资源推向国际，实现资源的互学互鉴和共同发展。

（2）推动专业课程及数字资源国际认证。首先，对接国际先进教育理念和标准，与国际认证机构建立合作关系；其次，建立符合国际标准的认证机制，为专业课程及国际化数字资源提供国际认证支持与服务，包括建立认证机构、制定认证流程、开展认证评估等，帮助其顺利通过国际认证，最后，构建涵盖数字资源规划、设计、开发、实施、评估与改进等环节的数字资源建设框架，以确保建设的系统性、连贯性及可持续性。以点带面，鼓励"双高"专业群的精品课程先行打造成全英文或双语数字课程，注重内容整合与标准化，形成一套完整的职业教育国际化数字资源内容体系，并积极参与国际认证。国际认证是一个持续的过程，应根据认证结果和反馈，不断改进和优化数字课程及资源，以提升教育质量和水平。

3. 持续强化教师培训与能力提升，优化国际化学生学习体验

国际化师资是国际化数字资源开发、应用与推广的关键。在双高背景下，要大力加强国际化师资培训，提升教师的数字化教学素养、国际化视野，同时也要注重学生的需求和反馈，为其提供丰富多样的学习资源和个性化的学习路径。

（1）教师培训与能力提升。第一，针对国际化师资需具备的数字技能、国际化视野和教学方法进行全面培训，培训内容包括数字技术应用、在线教学技巧、跨文化交流能力等，以提升教师的国际化素养与教学能力，使其能更好地适应国际认证的要求；第二，邀请具有丰富经验和专业知识的国际教师或行业专家，为国际化师资提供实践指导及进行经验分享；第三，为国际化师资提供参加国际研讨会、参与研究项目等机会，拓宽其国际化视野，使其熟悉和掌握国际先进教育理念和技术手段；第四，设立奖励制度，鼓励国际化师资参与数字资源的开发与建设，奖励教师在国际化数字资源建设中取得的成绩和创新实践。

（2）优化学生学习体验。第一，调研全球不同价值观念及形态领域下学生个体差异及兴趣需求，为其设计个性化的学习路径和资源，提高资源学习的针对性和有效性，并开发国际化多语种数字化课程及教材，为学习者提供更广阔的学习平台、更个性化和包容的学习环境，激励和促进不同国家学习者之间相互协作；鼓励国际学生之间进行在线讨论、合作学习和知识分享，培养其团队协作与沟通能力。第二，通过数字平台收集学生的学习数据，提供实时

---

① 邬郑希，郝瑜沛，曹喆. 基于在线教育平台的职业教育国际化课程评价指标体系研究[J]. 中国职业技术教育，2022（20）：65–73.

② 文静，张伟. 数字化转型背景下职业教育境外办学生态重塑研究[J]. 教育与职业，2023（19）：13–20.

学习反馈和评估结果，帮助其及时调整学习策略，提高学习效果。第三，整合国际优质教育资源，为不同国家学习者提供丰富多样的数字学习材料和实践机会，拓宽其知识视野和实践能力；加强与数字企业的合作，开发更多的虚拟实训平台，以给学习者提供更直观便捷的虚拟实践机会与职业指导，促进其借助数字资源实现自我发展。

4. 大力加强技术支持与平台建设，强化效果评估与持续改进

通过不断加强技术支持与平台建设，提升数字资源的质量和可用性。通过效果评估与持续改进，不断优化数字资源的应用效果，从而推动职业教育国际化数字资源的发展和应用，为提升职业教育质量和推动国际化发展作出积极贡献。

（1）大力打造数字化教学平台。首先，采用云计算、大数据、人工智能等先进技术，构建功能强大、易于操作的数字化教学平台，平台应具备在线学习、交流互动、支持多媒体教学、实验模拟等功能，平台应注重稳定性和安全性，确保平台稳定运行；其次，加强数据安全和隐私保护，为学生和教师提供安全可靠的教学环境，满足师生的教学需求，保障数据安全。

（2）强化效果评估与持续改进。首先，制定明确的评估指标和标准，如用户活跃度、资源使用量、学习成果等，以量化方式评估数字资源建设的效果。其次，定期进行效果评估，收集和分析用户数据，了解平台使用情况和用户满意度。通过收集师生的反馈意见、分析资源的使用数据，对数字资源进行全面评估，根据评估结果对数字资源进行优化与更新，并调整资源制作策略及方法。最后，建立反馈循环机制，根据评估结果，制订持续改进计划，包括技术优化、资源更新、功能拓展等，不断提升平台质量和服务水平。

在"双高计划"背景下，职业教育国际化数字资源建设是提升我国职业教育国际化水平、培养国际化高层次技术技能人才的重要途径，也是推动职业教育创新发展的重要举措。在数字资源建设过程中，应遵循国际化准则，逐步探索出一条符合职业教育国际化发展需求的数字资源建设路径，使我国职业教育能够更好地适应全球市场变化和技术进步，更好地融入全球教育体系，与国际接轨，为培养具有国际视野和跨文化交流能力的高素质技术技能人才提供有力支持，吸引更多的国际学生和教师来我国学习和交流，为我国职业教育走向世界提供有力支撑。

第六章

职业教育国际化品牌发展研究

中国特色职业教育国际化发展品牌是指在全球化背景下，结合中国国情和职业教育特色，通过国际合作与交流，形成的具有鲜明中国特色的职业教育品牌。本章深入探索中国职业教育在国际化进程中的独特路径和成功实践，以及这些实践对职业教育发展乃至全球职业教育的影响。

第一节　中国特色职业教育国际化品牌发展研究

国际化是当前职业教育发展的核心内容之一，《职业教育提质培优行动计划（2020—2023年）》明确要求"提升职业教育国际影响力"，国家"双高计划"将"提升国际化水平"作为职业教育十大建设任务之一，2022年，修订版《中华人民共和国职业教育法》从法律层面要求"有条件的职业教育机构赴境外办学"。2023年，《教育部办公厅关于加快推进现代职业教育体系建设改革重点任务的通知》（教职成厅函〔2023〕20号）提出11项重点任务，其中2项为国际化建设任务，明确要求"持续打造中国职业教育国际化品牌，建立职业教育国际化品牌项目培育、发展和推广机制，提升中国职业教育国际影响力和竞争力"①。

国际化品牌构建作为增强国家教育软实力、提高国际竞争力与提升国际话语权的关键路径，正逐步成为全国双高院校深化职业教育改革的重要内容。这些院校在国际化品牌建设的探索中，已初步构建起一系列实践框架与方法论，孕育出如"鲁班工坊""丝路学堂"等具有显著国际影响力的"走出去"品牌典范。然而，纵观全局，职业教育国际化品牌发展仍处于初级阶段，品牌阵容尚显单薄，其在全球范围内的传播广度与深度，以及所产生的国际影

---

① 文静，张伟. 数字化转型背景下职业教育境外办学生态重塑研究[J]. 教育与职业，2023（19）：13-20.

响力，尚存广阔的提升空间。鉴于此，精准诠释"职业教育国际化品牌"的核心要素与内在价值，探索并实践一套高效可行的品牌建设路径与战略框架，对于破解我国职业教育在国际化进程中遭遇的瓶颈与挑战，具有不可估量的现实意义。

一、职业教育国际化品牌内涵

美国市场营销协会（AMA）颁布的《营销术语词典》将品牌定义为：用以识别一个或一群产品或劳务的名称、术语、象征、记号或设计及其组合，以此同其他竞争者的产品和劳务有所区别。在职业教育国际化的宏大背景下，品牌已成为教育机构独特价值的核心体现，它超越了传统标识的范畴，成为融合多元价值的高品质教育资源，是全球舞台上的一张闪亮名片。

从品牌定义出发，职业教育国际化品牌是多维且深层的概念，超越了国际知名度与认可度的范畴。它代表教育机构在全球职业教育领域内与国际先进理念、资源和市场深度融合所形成的独特品牌形象与价值体系。这种品牌不仅彰显国际影响力与竞争力，更体现跨国交流合作能力，以及将国际理念融入实践的决心与成效。它致力于培养全球视野、跨文化沟通能力与国际竞争力的人才，推动全球经济一体化与可持续发展，促进民心相通，加深国际社会对我国职业教育制度的认知与认同，彰显教育制度优越性与吸引力。同时，它也是国家经济转型、产业升级的重要力量，提供高质量人才与智力支持，助力国家在全球竞争中占据优势。

二、职业教育国际化品牌建设关键要素

（一）国际教学质量与认证

在职业教育国际化品牌建设中，国际教学质量与认证是双重保障。教学质量是生命线，要求构建与国际前沿接轨的课程体系，培养具备跨文化交流和国际竞争力的人才，以满足跨国企业和国际组织对人才的需求。推动职业教育机构积极融入国际教育认证体系，如获取英国高等教育质量保证局（QAA）、美国工程与技术认证委员会（ABET）等权威认证，借助第三方评估力量，增强教育品质与国际公信力，使国家有关教学质量标准、认证标准、评估标准、质量标准与质量要求成为每个教学单位和每位教师的教学底线，形成内生成长闭环体系，所有的教学工作都严格按照质量标准的基本要求进行[①]。需要引进和培养具有国际视野和教学经验的优秀教师，利用现代信息技术如在线课程、虚拟实验室等，为学生提供高效教育资源，并与国际知名大学和研究机构建立紧密合作以提升质量。国际认证则证明教学质量和学术水平达到国际标准，有利于提升品牌影响力。国际认证通常包括课程认证、机构认证和教学质量认证等，这些认证不仅能为教育机构提供权威的质量保障，还能为学生在国际就业市场上提供有力的竞争优势。

---

① 陈凯军. 湖南高职院校服务"一带一路"倡议的国际化发展：问题与对策[J]. 黑龙江教师发展学院学报，2023，42（11）：98-100.

（二）特色专业与课程创新

在职业教育国际化品牌建设中，特色专业与课程创新是关键。首要步骤是精准定位专业方向，紧密结合市场需求与行业趋势，构建特色优势专业，以吸引国际关注。此外，研发前沿专业课程也至关重要，须融合深度与广度，不仅符合国际标准，还需紧密追踪行业前沿技术，同时融传统文化于专业创新中，糅合中医、书法、剪纸、刺绣等传统文化精髓，形成教育特色；利用中国丰富的文化遗产，与现代教学技术结合，开发独特专业课程，既能传授专业技能，又能传递文化魅力，从而在国际职业教育市场中树立独特品牌形象，增强国际竞争力。

课程创新要求教学内容紧跟国际前沿，革新教学方法，采用项目式学习、翻转课堂、在线协作等新型模式，激发学生的学习热情；利用大数据、人工智能等现代信息技术，构建智能化教学平台和虚拟实验室，提供直观、生动、互动的学习体验，积累实践经验。例如，通过虚拟现实重现历史场景，或利用在线平台促进国际学生间的即时互动，都能显著增强学生的学习体验和成效。同时，强化跨文化和国际视野融入，如国际案例研究、海外企业实习、国际交流项目等，拓宽学生国际视野，增强其跨文化交流能力。

（三）品牌传播与市场推广

有效的品牌传播，需要精准定位品牌核心价值（如专业技能、实践能力、国际视野），由此构成品牌灵魂，可增强识别度和记忆点，并通过多元化传播渠道和策略，将品牌理念、教育特色和优势传递给潜在受众。这包括利用网络平台、社交媒体、教育展会及留学咨询机构等多种渠道，以及制作高质量的宣传资料，如招生简章、宣传册、视频等，来传播办学特色、师资力量及成功案例，树立鲜明品牌形象。同时，注重品牌形象的塑造和维护，通过统一、专业的品牌形象设计，以及积极的品牌声誉管理，为品牌赢得更多信任和认可。

市场推广则是品牌传播的重要补充，旨在通过一系列营销活动吸引更多潜在学生和国际合作伙伴。在市场推广中，职业教育机构可以结合线上线下资源，开展各类促销活动，如奖学金计划、学生交流会等，以吸引更多学生和家长关注。同时，要积极拓展国际合作，与国际知名教育机构建立合作关系，共同开展教育项目，提升品牌的国际影响力和竞争力。此外，通过数据分析、市场调研等手段，精准定位目标市场和受众，制定个性化的市场推广策略，以提高营销效果和市场占有率，如针对"一带一路"共建国家及发达国家，应根据其文化、经济和教育特性，制定差异化策略。

三、中国职业教育国际化品牌建设路径

（一）明确品牌定位与目标市场

明确品牌定位，是确保中国职业教育在全球市场中占据独特位置的关键。品牌定位须综合考虑中国职业教育的深厚文化底蕴、紧密的产教融合特色及与国际接轨的开放姿态。在全球化背景下，应突出中国职业教育在信息技术、工程技术、轨道交通、路桥、航空等领域的领先实力，以及在新兴产业如绿色能源、人工智能等方面的创新探索。同时，品牌定位需精准对接国际市场需求，针对不同地域、学科领域和学习模式的受众群体。例如，对于亚洲市场，强化与中国文化紧密相关的职业教育项目；对于欧洲市场，突出中国职业教育的高品质教育特色和技术创新能力；对于北美市场，强调中国职业教育在实用技能和创新实践能力培养方面的优势。

（二）提升品牌质量与国际影响力

1. 优化课程设置与教学内容

为了显著提升品牌质量并扩大国际影响力，须不断优化课程设置与教学内容。具体而言，积极引入国际先进的职业教育理念和方法，通过融合多元文化视角和前沿教育技术，提升课程体系的国际化水平，确保学生能够在全球化的竞争环境中脱颖而出。同时，加强与国际化企业的深度合作，共同研发适应国际市场需求的教学内容和实训项目，让学生在实践中学习，在学习中实践，从而培养出具有国际视野和实战能力的复合型人才，为品牌的持续发展和国际市场的拓展奠定坚实基础。

2. 对接国际标准

提升职业教育国际化品牌质量与国际影响力，关键在于深度对接国际标准，包括采纳国际先进的教育理念、教学方法和课程体系，确保教学内容与国际接轨；加强与国际教育机构的合作与交流，引进优质教育资源，提升教师队伍的国际化水平；积极参与国际职业教育认证与评估，以国际标准来衡量和提升职业教育的质量和水平，从而在全球教育市场中树立品牌形象，扩大国际影响力。

3. 加强国际合作与交流

积极参与国际职业教育组织与活动，并深化国际合作与交流，不仅能及时掌握全球职业教育的最新动态与前沿趋势，还为中国职业教育提供了国际展示平台，彰显其独特成就与特色，增强全球认知度与影响力。为此，需与国际顶尖教育机构、权威行业组织及技术领先企业建立稳固合作关系，共同研发国际化课程体系与教材，促进师生跨国交流，实施跨国联合培养项目，搭建职业教育与国际市场无缝对接的桥梁。深度融入全球教育体系，旨在吸收国际先进的教育理念与方法，同时推动职业教育紧密对接全球产业需求，提升职业教育的国际化层次与竞争力。

（三）打造品牌特色与优势

1. 突出中国特色

在打造品牌特色与优势的过程中，首要任务是突出中国特色，深入挖掘和传承中华优秀传统文化、教育理念和先进技术，将其巧妙融入课程设置、教学模式及实训项目中，形成独特的品牌魅力。通过强调中国特色，不仅能够为国际社会提供差异化、有竞争力的教育服务，还能在国际职业教育领域树立鲜明的中国形象，增强品牌的辨识度和吸引力，从而进一步推动品牌质量与国际影响力的全面提升。

2. 提炼核心价值

提炼核心价值，明确品牌在国际市场中的独特价值和使命。首先需要对品牌自身的教育资源、教学质量、国际合作能力、创新能力等多个维度进行深入分析，包括对品牌的历史传承、教育理念、课程特色、师资力量等方面的审视，以及与国际市场标准和趋势的对比。通过这一过程，去发现品牌所具备的独特优势和特色，进而提炼出品牌的核心价值。核心价值通常体现在品牌所能提供的独特价值主张上，这包括但不限于专业知识与实践技能的传授、国际化视野的拓展、创新能力的培养、职业素养的提升等。这些价值主张需要与目标市场和受众群体的需求和期望高度契合，以形成强烈的品牌认同感。同时，提炼核心价值还需要明确品牌在国际市场中的使命，这包括品牌对于国际职业教育领域发展的贡献、对于全球人才培养的责任、对于社会经济发展的推动等。明确使命，可更好地指导品牌的发展方向，确保品牌在国际市场中始终保持正确的航向。

3. 提升国际化服务水平

在构建品牌保障体系时，提升国际化服务水平是增强品牌国际竞争力的重要一环。通过优化国际学生的招生、入学、学习及生活服务流程，提供多语言支持，开展文化交流活动，营造更加友好、包容的学习环境，吸引更多国际学生。同时，加强与国际教育机构的合作，推动学分互认、学位联授等国际化教育项目，进一步提升品牌的国际影响力和吸引力，为品牌的全球化发展奠定坚实基础。

（四）构建品牌保障体系

1. 完善政策法规

通过制定和实施一系列有利于品牌建设与发展的政策法规，如提供资金扶持、税收优惠、知识产权保护等，为品牌创造更加良好的发展环境。这些政策的出台，不仅能够有效激发教育机构的创新活力，提升品牌的核心竞争力，还能为品牌的国际市场拓展提供坚实的制度保障，确保品牌能够在激烈的国际竞争中稳步前行，持续发光发热。

2. 加强质量监控与评估

通过建立科学、全面的质量监控体系，对品牌的各个方面进行实时跟踪与评估，及时发现并解决存在的问题，确保品牌始终保持在高水平状态。同时，通过定期的第三方评估与国际对标，不仅能提升品牌的国际认可度，还能为品牌的持续改进和优化提供有力的数据支持，推动品牌在激烈的市场竞争中保持领先地位，实现可持续发展。

（五）创新品牌传播策略

1. 构建全方位传播渠道

为了有效提升品牌知名度和影响力，职业教育机构应充分利用多元化传播渠道，构建全方位、立体化的品牌传播网络。一方面，线上渠道通过官方网站、社交媒体平台（如微博、微信、抖音）及在线教育平台（如 Coursera、edX）发布品牌信息、教学资源、国际交流动态、权威教育资讯及优秀教育成果，积极与国内外学生、家长及教育同行互动交流，增强品牌的网络曝光度和活跃度。另一方面，通过积极参加国际职业教育博览会、学术论坛、文化交流活动，举办国际学术研讨会、国际文化节等，增加品牌的实体曝光度。利用展位展示、主题演讲、现场交流等形式，向国际社会展示中国职业教育的独特魅力和丰硕成果，进一步树立和巩固品牌形象。此外，利用电视、广播、报纸等传统媒体进行品牌宣传，覆盖更广泛的受众群体；借助合作院校、海外教育机构等合作伙伴，开展联合品牌传播活动，拓宽传播范围。

2. 创新品牌传播内容

在推动职业教育国际化的进程中，创新品牌传播内容成为提升国际影响力和吸引力的核心策略。首先，传播国际视角的教育故事。收集并分享来自不同国家和地区的学生、教师及行业专家的故事，展现其在职业教育中的成长、成就及对未来的展望。这些故事应突出职业教育的国际化特色，如跨国合作项目、国际交流经历、海外实习经验等，以国际视角呈现职业教育的多元性和包容性。其次，展示职业教育机构在促进跨文化交流方面的努力和成果，如国际学生交流项目、国际合作办学、国际学术会议等。通过具体案例，强调职业教育在培养具有全球视野和跨文化沟通能力人才方面的重要作用。最后，需要特别强调职业教育机构所获得的国际行业标准认证和荣誉，如 ISO 认证等。这些认证不仅证明了职业教育机构的教学质量和管理水平达到国际标准，也提升了职业教育机构在国际市场上的竞争力和信誉度。

3. 定制国际传播内容

由于全球各地的教育环境、文化背景及职业需求差异显著，职业教育品牌必须深入剖析各个目标市场的独特性和具体需求。通过详尽的市场调研，了解目标市场的行业趋势、学习者的兴趣点及对职业教育的期望，从而更有针对性地策划和传播课程内容、成功案例、行业洞见等关键信息。这种定制化设计，不仅体现在语言上，而且深入到文化元素和表达方式上，确保信息能够精准触达并打动目标受众。同时，密切关注当地教育政策、行业趋势，确保传播内容始终与受众需求保持同步。通过这种高度定制化的传播策略，职业教育品牌不仅能在国际市场上树立鲜明的形象，增强品牌的识别度和吸引力，还能有效提升传播效率，更好地满足全球学员的多元化需求，推动品牌的国际化发展。

4. 利用数字技术提升传播效果

在创新职业教育国际化品牌传播策略中，利用数字技术提升传播效果是不可或缺的一环。随着全球数字化进程的加速，职业教育品牌应紧跟时代潮流，充分利用互联网、社交媒体、大数据、人工智能等数字化工具，构建一个精准、高效、互动的传播网络。通过 SEO、SEM 等搜索引擎优化技术，提高品牌在搜索结果中的排名，增加曝光度。同时，构建多语种、多平台的在线课程平台，使优质教育资源能够跨越地理界限，触达全球学员。社交媒体平台则以其广泛的覆盖和高度的互动性，成为品牌与潜在学员建立联系的重要桥梁，通过定向广告投放、在线直播、互动问答等活动，增强与学员的互动和黏性。此外，大数据分析技术的应用，使品牌能够精准描绘目标受众画像，实现个性化内容推荐和精准营销，提升传播效率和转化率。在技术应用和创新实践方面，职业教育机构应积极展示其在虚拟现实、增强现实、人工智能等前沿技术上的成果，通过展示这些技术如何重塑教学方式、提升学习效果，吸引国际学生和行业专家的关注，为品牌的国际化发展注入新的活力。

（六）定期收集与分析市场反馈评估，持续创新优化品牌定位

在职业教育国际化品牌的发展道路上，定期收集与分析市场反馈是持续创新优化品牌定位的基石。这一过程要求品牌不仅要具备敏锐的市场洞察力，还需要建立一套完善的反馈机制，及时捕捉全球市场的动态变化、学员的学习体验及行业发展的新趋势。通过问卷调查、在线评论分析、社交媒体监听等多种渠道，系统地收集来自不同国家和地区学员的声音，理解他们的期望与需求。同时，利用大数据和人工智能技术对这些反馈进行深入分析，揭示潜在的市场机会与风险，为品牌定位的创新与优化提供数据支持。基于这些洞察，可以适时调整课程内容、教学方法、服务模式等，确保品牌定位始终与市场需求保持同步，不断引领职业教育国际化的新潮流。通过持续的创新与优化过程，使职业教育品牌在全球市场上保持竞争优势，赢得更多国际学员的信赖与认可。

对中国职业教育而言，品牌建设是持久战，而非速决战，它呼唤不懈的努力、持续的创新，以及对全球教育趋势的敏锐洞察与灵活应变。当前，通过深入挖掘中国特色专业与课程、注重教学模式与方法的革新、加强与国际教育机构的合作与交流，中国职业教育正逐步构建起具有国际竞争力的品牌体系。然而，面对全球化带来的机遇与挑战，中国职业教育还需要在品牌建设上迈出更加坚实的步伐。

展望未来，深化教育教学改革、提升教育质量是核心任务，加强品牌宣传、提升国际知名度与影响力同样不可或缺。此外，紧跟全球教育市场动态，灵活调整品牌建设策略，是应对国际环境变化的关键。在此过程中，政府、学校、企业和社会各界需要紧密合作，形成合力。政府应强化政策与资金支持，为学校保驾护航；学校则需要持续探索创新，提升教育质量与国际竞争力；企业应积极参与职业教育的校企合作，共同培养具有国际视野和专业技能的高素质人才；社会各界也应加强对职业教育的关注和支持，为职业教育的发展营造良好的社会环境。

第二节　职业教育国际化发展
国际影响力研究

2024年9月9—10日，全国教育大会在北京召开，习近平在会上强调：要深入推动教育对外开放，统筹"引进来"和"走出去"，不断提升我国教育的国际影响力、竞争力和话语权，扩大国际学术交流和教育科研合作，积极参与全球教育治理，为推动全球教育事业发展贡献更多中国力量。职业教育作为我国教育的重要组成部分，肩负着同样的历史使命，2023年7月，《教育部办公厅关于加快推进现代职业教育体系建设改革重点任务的通知》提出11项重点建设任务，其中有2项是关于国际化建设的任务，明确要求提升职业教育国际影响力。

自1996年《中华人民共和国职业教育法》正式颁布以来，我国职业教育历经二十余载蓬勃发展，从最初的萌芽建立、规模上的迅速壮大，到如今质量提升的精耕细作，职业教育在

我国教育体系中已占据了不可或缺的核心地位，这一进程是我国职业教育不懈探索与努力的成果。随着全球经济融合加速及技术革新日新月异，职业教育作为连接产业的桥梁，其重要性日益凸显，在这一背景下，我国职业教育不仅满足了国内产业升级对技术技能人才的迫切需求，更凭借其独特的办学理念、创新的教育模式及显著的教育成果，赢得了国际社会更多的关注，在全球职业教育范围内犹如一颗冉冉升起的新星，闪耀着其特有的光芒。

我国职业教育国际影响力的稳步提升并非偶然，其背后蕴含着内在的深刻逻辑与发展之"道"，这些"道"，既包括了国家政策层面的顶层设计，也涵盖了教育理念的创新与实践探索，既体现了职业教育与产业发展深度融合的必然趋势，也展示了我国职业教育面向全球的开放姿态与合作精神。深入剖析我国职业教育国际影响力的内在之"道"，不仅有助于更好地总结过去、把握现在，更能为未来我国职业教育的持续健康发展、在国际舞台上进一步展现风采提供有益借鉴、启示与指引。

一、职业教育国际影响力形成之"道"

（一）积极响应"一带一路"国家倡议

2013 年，习近平提出"一带一路"倡议，2016 年 7 月，教育部印发《推进共建"一带一路"教育行动》作为国家《推动共建"一带一路"愿景与行动》在教育领域的落实方案。在"一带一路"倡议的宏大背景下，我国职业教育以其办学类型的定位与技能人才培养的独特优势，成为促进"一带一路"共建国家经济发展、国际产能合作与文化交流的重要桥梁，服务国家外交大局的重要途径。通过共建职业教育合作平台、互派留学生、开展职业技能培训等方式，我国职业教育为"一带一路"共建国家培养了大量本土高素质技能人才，促进了技术、标准、文化的交流与互鉴，为"一带一路"共建国家的共同繁荣与发展注入了强大动力，更有助于提升我国职业教育的国际影响力和竞争力。

（二）全面助力教育强国国家战略

2023 年 5 月，在二十届中共中央政治局第五次集体学习中，习近平对于我国建设什么样的教育强国作出了精辟论述，在全国教育大会上强调"建成的教育强国是中国特色社会主义教育强国，应当具有强大的思政引领力、人才竞争力、科技支撑力、民生保障力、社会协同力、国际影响力"，为以中国式现代化全面推进强国建设、民族复兴伟业提供有力支撑。具有强大的国际影响力，必然是职业教育的发展建设目标，在"中国特色高水平高职学校和专业建设计划"建设进程中，职业教育领域早已形成"当地离不开、行业都认可、国际可交流"的共识，国际影响力成为职业教育未来重点建设方向，更是"教育强国"国家战略目标对职业教育的现实要求。

（三）极大丰富高质量发展内涵

经过几十年发展，我国高等职业教育已占据高等教育半壁江山，规模庞大，正在经历从规模发展到内涵发展的阶段，对于职业教育如何实现高质量发展，2021 年 10 月，中共中央办公厅、国务院办公厅印发《关于推动现代职业教育高质量发展的意见》，要求"积极打造一批高水平国际化的职业学校，推出一批具有国际影响力的专业标准、课程标准、教学资源"，国际影响力成为职业教育内涵建设的必然要求。国际化内涵建设是一个复杂的过程，涉及以下几方面：通过国际教育合作项目引进先进教育理念与资源并进行本土化改造；对接国际行业标准，开发与国际接轨并具有中国特色的职业教育标准、资源与装备；通过产教融合、校企合作，广泛开展国际化人才培养、海外本土人才培养工作。在这一进程中，中国特色职业教育品牌得以打造，国际影响力得以稳步提升，助力职业院校高质量发展建设目标的实现。

（四）深度服务企业走出去

随着我国科技的不断飞跃和跨国企业海外业务的爆发式增长，对高素质国际化技能人才的需求日益迫切。为深度契合企业"走出去"战略，我国职业教育领域正积极加速国际化进程，致力于构建并优化一套具有国际影响力的职业教育标准体系。这些新标准紧密贴合行业尖端技术、国际通行规则及跨文化沟通能力要求，旨在培养出一批既精通专业技能，又拥有全球视野和跨文化交流能力的国际化人才，确保毕业生能够无缝融入跨国企业环境，从而有效提升中资企业的全球竞争力。在此背景下，"校企协同出海"模式加速推进，中资企业与职业教育机构紧密合作，定制化培育海外员工，不仅提升了海外项目的执行效率与质量，还针对海外本土化需求提供精准培养方案，助力企业在当地市场精耕细作，形成与海外国家产能合作、互利双赢的局面。校企双方携手并进，共同推动中国企业的全球布局，有利于构建更加开放、包容、合作的全球职业教育治理体系，为构建人类命运共同体贡献积极力量。

二、职业教育国际化航向之"道"

（一）战略导向——明确方向与定位

职业教育国际影响力的提升是一个长期、复杂的过程，需要站在全球视野，结合我国职业教育实情做好整体布局与规划，明确发展目标、路径与阶段性任务。2023年，中共中央办公厅、国务院办公厅印发《关于深化现代职业教育体系建设改革的意见》（2023年第1号国务院公报），明确了"一体两翼"的战略布局，"一体"即探索省域现代职业教育体系建设新模式，是改革的基座；"两翼"即市域产教联合体和行业产教融合共同体，是改革的载体。同时，提出了"五个重点"，创新国际交流与合作机制其中之一，强调将职业教育打造成国际合作的战略资源，提出打造国际化标杆学校、提出具有国际影响力的职业教育标准与资源等具体要求，为国际化发展指明了方向。值得注意的是，"一体两翼"是总体设计，"五个重点"是具体内容，要依托"一体两翼"推进职业教育国际化建设、提升国际影响力。

（二）政策护航——提供保障与激励

在职业教育国际化发展方向明确的前提下，成功关键在于脚踏实地的实践行动，还须依赖政企行校的联动效应。在政企联动中，政府占据核心地位，例如"鲁班工坊"之类的优质国际化项目，离开了政府的大力支持就不可能顺利实施。国家"一体两翼"政策出台后，教育部批准首批成立 28 个市域产教融合共同体,全国范围内相继涌现出大批行业产教融合共同体,而共同体是职业教育出海的主要平台。然而在具体的推进与实施过程中,因各省市职业教育发展不平衡,导致诸多障碍与困难,例如,牵头企业、高校积极性不强,资金、设备出海的审批程序复杂烦琐且难度大,留学生招生困难且教育资金补贴不到位,国际化师资能力与水平有限,如此等等。所有这些,需要各省系统谋划,针对这些实际问题提供全方位政策与资金支持,制定激励制度与措施。

(三)机制创新——激发活力与潜力

国际交流与合作机制创新是加速提升职业教育国际影响力的一个关键因素,教育部职业教育与成人教育司提出了"举办世界职业技术教育发展大会和世界职业院校技能大赛、教随产出产教同行、打造职业教育国际合作平台以及推出具有国际影响力的专业标准、课程标准和优质教学资源"等重大创新举措。这些举措需要进一步深入细化,比如创新教育国际化影响力的评估标准与反馈机制,对原有全国高职高专校长联席会议"国际影响力 50 强"评定标准进行改进。对职业院校而言,机制的创新更加具体,例如在"教随产出 产教同行"推进过程中,如何创新校企合作机制在国际合作项目中实现互利双赢,从而调动企业的积极性?这些问题,都需要深入探索、研究并付诸实践。

三、职业教育国际影响力发展之"道"

(一)深耕内涵,强化品牌建设

品牌是职业教育国际影响力的核心标志,打造国际品牌是职业教育国际化建设的核心任务,是提升国家教育软实力的重要举措,也是推动职业教育高质量发展的必由之路,在很大程度上决定了国际视野下的职教国际影响力新高度。构建职教品牌,关键在于内核建设:一是要深入挖掘中国职业教育的历史底蕴、文化内涵和特色优势,提炼出具有鲜明特色和广泛认同度的品牌理念、形象和标识;二是要确立具有前瞻性和包容性的办学理念,融入全球教育发展的先进理念,形成独特的职业教育哲学和价值观,为品牌注入灵魂;三是注重品牌的持续维护,紧跟国内外行业发展趋势,动态调整专业、课程设置,优化教学流程,强化实践教学环节,建立严格的教学质量监控体系,确保学生掌握扎实的专业技能和创新能力,实现教学质量卓越化;四是推进师资力量精英化,打造国际化师资队伍,吸引和培养具有国际视野和丰富教学经验的优秀教师。

(二)深化合作,共谋协同发展

以全球职业教育共同体机构建为目标,形成覆盖全球的国际交流合作网络,提升我国职业教育影响力。一方面,与全球知名职业教育机构、优质高等院校建立稳定的合作关系,开展中外合作办学、校际联合办学等多种形式的合作,共同开展教学交流、科研合作、师生互访交流、课程与学分互认等全方位合作,联合培养国际市场需要的国际化技能人才。通过深度合作,实现资源共享、优势互补、共同提升,协同打造职业教育国际品牌。另一方面,努力拓展与亚非拉等相对落后地区与国家的合作，开展以"鲁班工坊""丝路学院""郑和学院"等精品项目为代表的合作项目，联合制定人才培养方案、开发教学资源、建设实训基地等，促进当地职业教育发展与进步，为全球职业教育贡献力量。

（三）大力传播，提升国际声誉

积极参与全球职业教育治理体系，与世界职业教育组织建立广泛联系，参与制订国际职业教育标准，主动承办、参加国际职业教育展览会、世界性职业技能大赛、职业教育国际论坛等各种交流活动，提升中国职业教育在国际范围内的知名度和影响力。在宣传过程中，要结合全球第一制造业大国、全球唯一拥有全部工业门类的国家、世界第二大经济体这些客观事实，突出我国职业教育为社会经济发展做出的巨大贡献，总结提炼我国职业教育的办学经验、成果成效与典型案例，以事实服人，获得世界对我国职业教育的认可。与此同时，通过大力推进来华留学、境外办学、文化交流等各种活动，促进国际学生对我国职业教育的认知、认同与传播。

四、职业教育国际影响力路径之"道"

（一）产教融合——立足之本

职业教育的宗旨在于服务行业产业发展，职业教育国际化同样离不开这一宗旨，应以产教融合作为其立足之本。尽管当今世界出现了一些逆全球化的现象，但从长远来看，全球产业融合、国际产能合作是未来发展趋势，职业教育的国际化必然建立在服务产业全球化的基础之上。打破国界限制，与国际产业界建立更加紧密的合作关系，共同制定符合国际标准的教育培训计划，培养具有国际视野和竞争力的技能人才，是提升我国职业教育国际影响力的必由之路。对于职业院校而言，深刻理解产教融合的深层含义，紧跟行业产业发展，根据国家产业规划布局，充分利用我国在轨道交通、道路桥梁、现代农业、通信技术、电动汽车、船舶制造等各个领域的产业优势，挖掘自身潜能，发挥资源优势，依托国家"双高计划"等重大项目建设任务，打造各个行业领域相关核心专业国际化品牌，实现集中优势、打造特色的发展之路。一哄而上、全面开花，既不可取，也不现实。

（二）校企协同——合作之道

校企协同模式不仅是教育与产业深度融合的典范，也是提升职业教育国际影响力的重要引擎。通过人才联合培养、资源开发、技术攻关等各方面的校企深度合作，已建立了相互了解、彼此信任、合作共赢的稳定关系，为校企联合开发国际合作项目奠定了坚实的基础。根据"走出去"海外业务发展规划、人才需求等各方面的需要，校企共同开展境外办学、开发国际化教学资源、建立海外实习实训基地、联合培养海外本土技能人才等，打造校企协同出海的共同体，也是"一体两翼"建设的要求。校企协同模式，有助于职业教育更好地融入全球经济体系，提升其在国际舞台上的竞争力与影响力，通过与国际化企业的合作与交流，职业教育机构能够准确把握国际市场需求与产业发展趋势，培养出具有国际视野与跨文化交流能力的高素质技能人才。

（三）数智赋能——创新之道

在全球化背景下，加速职业教育智能化转型成为重塑其国际影响力优势的关键举措，这一过程不仅聚焦于职业教育内部的深刻变革，更将其置于国际竞争与合作的大环境中进行审视与推动。数智赋能通过融合数字技术与智能科技的最新成果，引领职业教育体系向智能化、个性化与高效化方向全面升级，构建起适应未来社会需求的新型教育模式。在国际舞台上，构建智能教学平台与资源体系，实现教育资源的跨国界共享与优化配置，为各国学生提供更丰富、更多元的学习选择；教育内容的精准推送与学习路径的定制化优化，不仅提升了学生的自主学习能力与创新思维，也促进了跨文化交流与理解。同时，数智赋能进一步推动了职业教育与全球产业发展的深度融合，促进了教育链、人才链与全球产业链、创新链的紧密连接。这种协同发展的模式，不仅提升了职业教育的国际竞争力，也为全球产业升级与技术创新提供了强有力的人才支持。在全球教育合作与交流的广阔平台上，职业教育领域的数智化转型成果得到了广泛认可与赞誉，为中国在全球教育治理中赢得了更多的话语权与影响力。

（四）绿色发展——可持续之道

绿色发展是时代的潮流，强调的是一种健康生态下的可持续发展之路，世界需要以此理念塑造国际职业教育未来。中国职业教育国际影响力提升的目标是为世界贡献智慧，需要具有世界大同的格局，需要为人类构建世界职业教育共同体而努力。在我国职业教育国际化的道路上，要始终坚持开放、包容的态度，构建全球职业教育的合作网络，促进世界进步；要坚持求同存异的思想，尊重海外国家的教育现状、文化习俗，致力于各国共同发展；要坚持平等互惠的基本原则，实现国际化项目双方合作共赢、利益均衡；要坚持既反对西方霸权、文化入侵的任何行为，也要防止国际化进程中自身行为给别国带来不适或误解。绿色发展的理念将助力我国职业教育融入全球职业教育体系，提升自身教育品质与国际竞争力，促进全球绿色职教共同发展。

五、职业教育国际影响力的未来之"道"

（一）规模化与品牌化

随着"一带一路"倡议的深入推进、科学技术的创新发展、跨国企业海外业务的拓展，我国职业教育的国际影响力将进一步提升，校企协同出海将呈现规模化发展趋势。事实上，近些年涌现了一批职业教育境外合作办学项目、海外技能培训中心、线上职业教育国际平台，并取得了较好的成效。在规模不断扩大的同时，更应该注重品牌建设，通过提升教育质量、优化课程体系、加强师资队伍建设等措施，设计更多诸如鲁班工坊、丝路学院、郑和学院等精而美的项目，打造我国职教交流的"新名片"，实现规模发展与品牌建设同步推进。在职业教育规模迅速扩张的过程中，应当高度警惕并着力解决出现的一些不和谐与不健康问题。具体而言，多家院校在海外同一小国或同一所学校过度集中，竞相推出缺乏实质内容与真实价值的项目，这种做法不仅浪费了宝贵的教育资源，更对我国职业教育的国际形象与声誉造成了不可估量的损害。

（二）标准化与本土化

当前，我国职业教育国际合作项目虽蓬勃发展，却也面临着质量参差不齐的挑战。为确保职业教育"出海"的优质高效，亟需深化研究，构建一套全面覆盖专业标准、课程体系、教学内容及质量评估等维度的国际合作标准与规范体系，并配套出台权威指导性政策文件与学术研究成果，以强化国际合作项目的规范性和统一性。在此基础上，职业院校应灵活应对，充分考量合作对象——尤其是社会经济发展水平较低国家和地区的职业教育现状，实施恰当的本土化策略，使项目既能融入当地环境，满足实际需求，又能有效传播我国职业教育的先进理念与实践经验，从而促进我国职业教育在全球范围内的稳健落地与深入实施。

（三）多元化与个性化

鉴于各地区、各行业、各院校的实际情况差异显著，以及海外国家多样化的实际需求，职业教育国际化将自然演进为多元并存、特色鲜明的繁荣景象。这主要体现在以下几方面：在教育层次上，将广泛覆盖中等职业教育、高等本专科职业教育及非学历培训等多元化层级；在合作模式上，也将呈现多样性，包括政校企合作、校企合作、校校合作等灵活多样的形式；在学科专业设置上，紧密对接当地经济社会发展需求，打造丰富的专业体系与复合型专业，以满足不同领域的发展需求。在确保教育质量稳步提升的同时，各职业院校将更加注重夯实自身基础，充分挖掘并发挥自身优势与特色，积极探索国际合作的个性化路径，从而在提升院校国际影响力的道路上迈出更加坚实的步伐。

在迈向教育强国的征途中，职业教育国际影响力已经提升到前所未有的高度，在深刻领悟国际影响力这一命题提出的历史背景与必要性的基础上，把握提升职业教育国际影响力的战略方向、建设重点、建设路径，以及未来格局多个层面的内在逻辑与规律，为中国职业教育走向国际绘制一幅蓝图，并矢志不渝、为之奋斗，这是职业教育者的光荣历史使命与任务，也必将引领中国职业教育稳健迈向全球职业教育的国际舞台并贡献中国智慧，并以独特的中国特色赢得国际社会的广泛尊重与认可。

第三节　典型品牌案例研究
——鲁班工坊

"鲁班工坊"作为中国特色职业教育国际化发展品牌的重要代表，自 2016 年首个工坊在泰国成立以来，便凭借其独特的办学理念和模式，在全球范围内产生了广泛的影响。本研究旨在通过对"鲁班工坊"的深入剖析，探讨其成功的关键因素和对职业教育国际化的贡献。

一、背景与概述

鲁班工坊作为中国教育部和天津市人民政府共同推动的职业教育国际合作项目，以中国古代著名工匠"鲁班"命名，寓意着对工匠精神的传承与弘扬。该项目旨在将中国的职业教育资源和经验分享给世界，同时吸收借鉴国际先进理念与资源，推动职业教育领域的国际合作与交流。在教育部的指导下，天津率先实践了这一创新模式，将鲁班工坊打造成中外人文交流的国际化品牌项目。作为国家现代职业教育改革创新示范区的标志性成果，鲁班工坊不仅代表着中国职业教育国际化的重大创新，也承载着为"一带一路"共建国家培养高素质国际技术技能人才的重要使命。

通过中外合作实施学历教育与职业培训，鲁班工坊为参与国家提供了熟悉中国技术、了解中国工艺、认知中国产品的高素质人才。截至目前，鲁班工坊已在泰国、印度、印度尼西亚等28个国家成功建立，成为中外人文交流的重要平台，为促进国际间的教育合作与人文交流作出了积极贡献。

二、鲁班工坊的核心要素

（一）　项目创建：标准化确保品牌质量

在品牌项目的打造过程中，标准化建设是确保质量的核心要素。鲁班工坊的创建正是遵循了这一原则，通过严格的标准化管理，实现了工坊建设的全方位规范化。以国际化项目的建设目标为导向，鲁班工坊在场地建设、实训装备、师资团队、专业标准及教学资源等方面，均实施了严格的标准化与规范化流程。

1. 场地建设标准化

鲁班工坊不仅对教学空间和展示空间有着明确的面积规定，更在功能上实现了双重融合：一方面，工坊能够承载实训教学与理论教学的双重任务；另一方面，工坊还具备互动交流的功能，能够容纳并促进大规模人员的交流活动。这种标准化的建设模式，不仅确保了鲁班工坊的高品质，更为其成为具有国际影响力的职业教育品牌项目奠定了坚实基础。

2. 实训装备标准化

鲁班工坊所应用的实训装备均是根据中外国际合作专业的建设需要而配备的，其教学装备的配置，不仅能够满足合作专业以及相关专业群的学历教育与职业培训的要求，同时也能够达到国际技能竞赛的要求，以泰国鲁班工坊的教学装备为例，其所应用的机电一体化教学装备是我国全国职业院校技能大赛的比赛装备，也是东盟国家技能大赛的竞赛装备。实训教学装备技术水平先进、数量规模充足是鲁班工坊标准化建设一个重要指标。

3. 师资培训规范化与系统化

师资培训规范化与系统化，是鲁班工坊成功运营的又一重要保障。这　环节由中方院校的专业教师主导，针对外方合作院校的教师进行全方位的专业培训。培训内容涵盖了教学模式的革新、专业核心课程的深入理解、专业实训的实操技巧，以及中国企业文化等多元领域。通过这一系列培训，旨在使外国教师能够深刻领悟中国职业教育的精髓，包括先进的教学理念、高效的教学模式及严谨的教学标准，进而将这些宝贵经验融入本土的专业教育实践中，实现教育资源的全球共享与优化配置。

4. 专业标准与国际接轨

在鲁班工坊的建设中，质量始终被置于首位。截至目前，已有 28 个鲁班工坊在全球范围内落成，它们均采纳了由中外专业教师团队联手打造的专业课程，涵盖了机电一体化、增材制造（3D 打印）、新能源技术、物流服务与管理、数控技术、云计算及铁路信号自动控制等 12 个关键领域。

这些专业课程并非凭空而生，而是植根于 2012—2013 年间教育部在天津成功试点的国际化专业教学标准。这些标准不仅代表了中国教育界的卓越成就，更与国际前沿技术标准紧密对接。通过采用这些标准，鲁班工坊的专业课程不仅确保了教学的高水准，更与全球行业的最新动态保持同步。尤为值得一提的是，EPIP 教学模式在鲁班工坊中得到了广泛应用。这一教学模式以真实的工程项目为核心，贯穿整个专业教学的始终。通过项目驱动和真实任务作为主线，EPIP 模式构建了一个完整的课程体系、教学内容和教学方法，旨在全面提升学生的综合职业能力和创新能力。这种与国际先进教育理念与教学模式接轨的教学方式，为鲁班工坊的学生提供了与国际标准同步的学习体验。

5. 构建立体化教学资源

鲁班工坊的专业教学资源开发秉持着与专业理论及实践教学深度融合，并紧密贴合本土经济社会发展需求的理念。这些教学资源不仅服务于学历教育，还广泛适用于各类短期培训项目，确保了教学资源的广泛适用性和高效利用。

为了确保合作专业的教学资源能够充分发挥效用，同时保障教学质量，特采取了立体化的资源开发策略。在这一策略下，纸质的中外文教材与多媒体信息化资源得到了同步开发，形成了互为补充、相互促进的资源体系。这些资源以模块化的形式呈现，便于教师根据教学需要进行灵活组合与调整，从而极大地提升了教学效益。这种立体化的教学资源开发模式，不仅满足了学生多样化的学习需求，还促进了教学质量的稳步提升，为鲁班工坊在全球职业教育领域树立了新的标杆。

（二）项目实施：产教融合，共创鲁班工坊辉煌

鲁班工坊的蓬勃发展并非孤立存在，而是得益于国内外合作院校、行业企业、师生、政府及社会组织等多方力量的紧密协作与共享共建。其中，企业作为不可或缺的合作伙伴，深度参与到鲁班工坊建设的每一个环节，从专业设置到毕业生就业，全程助力工坊的成长与发展。国际产教融合、校企合作共建，已成为鲁班工坊品牌建设的关键要素。在已建成的项目中，无论是合作学校与合作企业的精心遴选，还是后续建设的持续推进，校企合作的发展能力都发挥着至关重要的作用。这种深度的产教融合模式，不仅提升了鲁班工坊的教育质量，更为学生提供了更广阔的实践舞台和就业机会，助力他们成长为具有国际视野的高素质技能人才。

（三）项目发展：持续拓展，适应需求

鲁班工坊在项目发展中展现出强大的可持续性，紧密贴合合作国的社会经济发展需求，

以及中资企业日益增长的紧缺技术人才需求。通过中外双方政府、院校及企业的多方协作，鲁班工坊在原有合作基础上不断扩展，不仅增加了合作专业领域，还拓宽了合作空间。

三、典型案例分析

（一）泰国鲁班工坊

以泰国鲁班工坊为先驱，其九年的发展历程见证了职业教育国际合作的深远影响。2016年，天津渤海职业技术学院与大城技术学院携手，共同开创了机电一体化专业的新篇章，这一创举迅速赢得了鲁班工坊所在区域及周边泰国学生的热烈反响。几年间，该专业的招生规模稳步攀升，从最初19人的小班授课，到2019年已扩大至73人，扩招幅度之大，令人瞩目，同时也实现了招生与就业的双重增长。

泰国鲁班工坊的建设不仅推动了泰国大城及周边地区职业教育与职业培训的蓬勃发展，更提升了泰国在国际舞台上的影响力，赢得了泰国政府及产业界的高度赞誉。为此，中方院校荣获了诗琳通公主奖，外方学校则摘得了国王奖的桂冠。

为进一步深化中泰双方院校的合作，泰国鲁班工坊在2017年和2018年相继启动了二期、三期建设。合作院校阵容进一步扩大，天津铁道职业技术学院的加入为项目注入了新的活力。合作专业也从初创时的一个，增加到了六个，形成了多元化的专业布局。项目发展采用了创新的"一坊两中心"模式，为国际合作提供了新的范例。

2017年底，泰国鲁班工坊二期建设——渤海中心顺利竣工，并新增了物联网、EP（增材制造/3D打印等）等前沿专业，进一步丰富了鲁班工坊的教育资源，为泰国及周边国家的职业教育发展注入了新的动力。

（二）印度鲁班工坊

印度鲁班工坊于2017年12月8日正式揭牌启运，由天津轻工职业技术学院和天津机电职业技术学院与印度金奈理工学院共同建立，工坊提供了数控机床、光伏发电、3D打印、工业机器人等智能型教学设备，致力于培养高素质的技术技能人才。通过五年的运营，印度鲁班工坊取得了显著成果，为当地培养了大量技术人才，推动了印度职业教育的发展。

在印度鲁班工坊的项目建设初期，中国海外企业便给予了极大的支持与助力。在项目启动的庄重仪式上，中天科技（印度）、中材国际（印度）、天锻压力机（印度）、中国巨轮（印度）及中国昇龙生物科技（印度）这五家在印度深耕的制造业企业，与印度金奈理工学院携手签署了订单培养协议。这一协议旨在定向培养中资企业在印度本土发展中迫切需要的专业技术人才，涵盖了数控机床安装与调试、风光互补发电技术、工业机器人应用技术，以及3D扫描和模型重建等多个专业领域。

印度鲁班工坊的成立，不仅体现了中印两国在职业教育领域的深度合作，更为中资企业在印度的稳健发展提供了坚实的人才支撑。通过这一平台，中印双方将共同培养出更多具备国际视野和专业技能的优秀人才，为中印两国的友好合作与共同发展贡献力量。

（三）吉布提鲁班工坊

吉布提鲁班工坊，作为中国在非洲大陆设立的首家工坊，于2019年在吉布提工商学校正式揭牌并投入运营。这一重要项目由天津铁道职业技术学院、天津第一商业学校、吉布提工商学校及中国土木工程集团有限公司等四方携手共建，旨在服务亚吉铁路和吉布提经贸港口经济的繁荣发展。

吉布提鲁班工坊的创建，紧密契合了非洲大陆亚吉铁路的建设与发展这一核心议题。亚吉铁路作为连接埃塞俄比亚与吉布提的关键货运通道，不仅是东非首条标准轨距电气化铁路，也是"一带一路"倡议及中非合作论坛约翰内斯堡峰会"十大合作计划"的标志性成果。基于这一战略背景，吉布提鲁班工坊精心设计了铁道工程技术、铁道交通运营与管理、物流服务与管理、商贸专业等四大专业方向，旨在精准对接亚吉铁路运营管理和吉布提港口贸易发展的实际需求，定向培育一批急需的技术技能人才。此外，吉布提鲁班工坊还积极探索产教融合的新路径，与当地企业建立深度合作，共同开发实习实训项目。这一举措不仅为学生提供了丰富的实践机会，还为他们搭建了职业发展的广阔平台，进一步增强了吉布提鲁班工坊的教育实效性和社会影响力。通过这一系列努力，吉布提鲁班工坊正逐步成为中非职业教育合作的典范，为中非友好关系的深化和拓展注入了新的活力。

吉布提鲁班工坊的成立，不仅标志着中国在非洲职业教育领域的初次探索取得了圆满成功，更成了中非合作历史上的一个重要里程碑，为中非友谊与合作注入了全新的活力与动力。这一项目的成功落地，得益于吉布提当地政府与企业的高度认可与支持，它们为工坊的发展提供了坚实的后盾。吉布提鲁班工坊自成立以来，便致力于培养吉布提当地急需的技术技能人才，为吉布提的经济发展与社会进步作出了积极且显著的贡献。工坊所开设的专业课程紧密贴合当地实际需求，为学生提供了丰富的实践机会，使他们能够迅速成长为能够独当一面的技术人才。

同时，吉布提鲁班工坊还成了中国与非洲国家之间教育合作与交流的典范。它展示了中国职业教育在国际舞台上的影响力与竞争力，也为非洲国家提供了学习中国职业教育经验、提升本国职业教育水平的宝贵机会。通过吉布提鲁班工坊这一平台，中非双方在教育领域的合作与交流将更加紧密、更加深入，为中非友谊与合作的长远发展奠定更加坚实的基础。

鲁班工坊作为中国特色职业教育国际化发展品牌的重要代表，通过国际合作与交流的方式，将中国的职业教育资源和经验分享给世界，同时吸收借鉴国际先进理念和资源，推动职业教育国际化进程。未来，鲁班工坊将继续发挥其在职业教育国际化领域的引领和示范作用，为构建人类命运共同体贡献中国智慧和中国方案。

第七章

职业教育国际化服务地方经济发展研究
——基于湖南样本视角

第一节　职业教育国际化发展面临的机遇与挑战

一、职业教育国际化发展机遇

（一）"一带一路"倡议政策支持

1. 总体战略

2013 年 11 月，习近平总书记在湖南考察时，首次指出湖南的定位为"东部沿海地区和中西部地区过渡带、长江开放经济带和沿海开放经济带结合部"（"一带一部"），重构了湖南发展的新坐标，随后湖南省人民政府积极响应并出台了系列文件：2015 年 8 月，湖南省人民政府先后印发了《湖南省对接"一带一路"战略行动方案（2015—2017 年）》（湘政发〔2015〕34 号）和《湖南对接国家"一带一路"战略工作方案》（湘政发〔2015〕67 号），确定了装备产能出海、对外贸易提升、引资引技升级、基础设施联通、服务平台构筑和人文交流扩展等六大行动重点，制定了"一带一路"对接项目清单。当年 11 月，湖南省政府发布了《湖南省对接"一带一路"战略推动优势企业"走出去"实施方案》（湘政办发〔2015〕80 号）。2017 年 12 月，湖南省人民政府印发的《湖南省实施开放崛起战略发展规划（2017—2021 年）》（湘政发〔2017〕35 号）中包括发挥"一带一部"区位优势，打造国家"一带一路"倡议实施重要腹地的发展规划。"一带一路"相关政策的出台，为湖南职业教育国际化发展提供了政策依据。

2. 职业教育国际化发展战略

2020 年 2 月，《湖南省职业教育改革实施方案》（湘政发〔2020〕2 号）出台，提出了推进优质职业教育资源走出国门、服务湖湘企业"走出去"战略。2020 年，湖南提出大力实施"三高四新"战略，《教育部 湖南省人民政府关于整省推进职业教育现代化服务"三高四新"战略的意见》（湘政发〔2021〕5 号）明确提出：职业教育需要……建成职业教育内陆改革开放新高地，主动服务国家开放战略，加强和扩大职业教育国际交流合作。组建职业教育协同湘企湘品"走出去"合作联盟，在境外重点建设一批技术技能人才培养基地和海外员工培训中心，培养一大批"高铁、制造、建筑、水稻湘军"，服务湖南本土优势产业，助推企业"抱团出海"，为各个职业院校国际化发展指明了重点内容与建设方向。

（二）"双高计划"带来机遇

1. 政策红利

2019 年，《教育部 财政部关于实施中国特色高水平高职学校和专业建设计划的意见》（教职成〔2019〕5 号）提出"一批高职学校和专业群达到国际先进水平"的要求；2021 年，湖南省推出"楚怡高水平高职学校和专业群建设计划及楚怡优质中职学校和专业（群）建设计划"。在国家和湖南省两级"双高"建设的背景下，"国际化水平提升"被列入十大建设任务之一，湖南省出台了相关政策和文件，就经费、制度和管理建设等方面制定了一系列措施，给予实质性支持，具体包括：

第一，提供国际合作平台。为了响应国家"双高计划"，湖南省政府及相关主管部门发挥"过渡带"优势集聚资源要素；发挥"结合部"优势扩大对外开放，利用政府的资源优势，依托政府间的商谈和合作建立湖南职业教育集团驻外培训基地，以"标准化"为核心打造湖南职业教育"走出去"品牌，由政府牵头，将品牌产品推介到国际舞台；积极营造国际化发展氛围，打造国际化合作渠道和平台，以"湖南—非洲地方产业合作·农业发展论坛""中国国际轨道交通产业博览会"等多样化平台为依托开展国际交流与合作，引导湖南相关高职院校积极参与；推动湖南高职院校与相关国际化企业对接，有关部门和行业企业以共建、共培等方式积极参与项目建设，项目所在学校以服务求发展，积极筹集社会资源，为国际化人才培养创造条件。

第二，提供国际化发展资金支持。自"双高计划"文件出台，在资金方面形成了以地方为主、中央奖补、多渠道供给的财政制度。地方在完善高职生均拨款制度、逐步提高生均拨款水平的基础上，对"双高计划"院校给予重点支持，中央财政通过现代职业教育质量提升计划专项资金对"双高计划"给予奖补支持，发挥引导作用。湖南各大高职院校在财务预算中单列国际化水平提升项目预算经费，这些资金为湖南高职院校及优势专业群国际化内涵发展提供了经费支持，为专业教师的海外学习、国内外访问、双语培训等提供了资金保障。

2. "走出去"机遇

在"双高计划"背景下，国家要求创新高等职业教育与产业融合发展的运行模式，推动高职院校与行业企业形成命运共同体，推行"校企"双主体、产教跨界融合的混合教育形态，职业教育助力企业走出去。据商务部、国资委、联合国开发计划署的调查，"走出去"企业在技术溢出地区面临着专业技术工人匮乏的问题，这种技术技能人才的缺口意味着我国高职院校服务的市场主体业已拓宽，既要为技术溢出地区当地民众培养技术技能人才，也要为"走出去"企业培养国际化技术技能人才。在智能制造、工程机械、先进轨道交通、现代农业、生物医药等领域"湘企出海""湘品出境"的大环境下，职业教育服务当地经济发展的初衷使得湖南职业教育与湖南外向型企业联姻"走出去"变得顺理成章，契合了职业教育国际化发展目标。

3. 良好的国际化发展生态

在"双高计划"背景下,对国际化建设的重视前所未有,湖南11所"双高计划"学校及高水平专业群建设单位从理念转变、方案制定、平台建设等方面着手,打造出特色迥异的现代化高等职业教育发展新格局:长沙航空职业技术学院助力中国航空强国梦,积极参与中航工业与军援项目,把航空装配维修技术技能涉外培训项目办得风生水起;湖南外贸职业学院成为中华人民共和国商务部援外培训项目定点培训机构;湖南交通职业技术学院积极投身非洲地区工程机械技术支持、售后服务培训等工作;湖南三一工业职业技术学院通过开设国际化定向班、设立海外培训点等多种形式,为企业培养国际化技术人员,赋能"湘企"国际化。湖南省内高职院校之间,以及与国内职业教育国际化发展先进省份的高职院校之间形成你追我赶、互学互鉴的良性生态环境,使得湖南省高职院校的国际化飞速发展。

二、面临的挑战

(一)环境困扰

1. 政治环境

当前,世界地缘政治形势严峻,在美欧西方霸权的影响下,部分国家对我国极力打压,攻击我国"一带一路"倡议,个别国家迫于压力退出,尤其西方右翼势力抬头,全球经济格局、全球化进程、国际合作与交流等受到几十年来前所未有的困扰。在地缘政治影响下,俄乌冲突、巴以冲突等中东局部战争,使世界整体格局从合作交流走向对抗,这些因素对职业教育国际化进程造成严重不利影响。

2. 经济环境

席卷全球的非典疫情以来,全球经济低迷,中国经济发展速度放缓,一定程度上使职业教育国际化资金不足。另外,当前湖南职教"走出去"主要面向"一带一路"沿线发展中国家,这些国家经济实力不强,客观上阻碍了湖南与世界的交流,减缓了湖南职业教育走向世界舞台、做大做强的步伐。

3. 人文环境

受湖南省的地理位置、外向型就业岗位较少、农村生源国际发展意识不强等因素影响,湖南高职院校的国际化发展水平整体偏低。"不沿边、不靠海"的湖南在开放程度和经济文化发展水平方面与沿海地区相比存在一定差距,外向型经济在湖南处于非主导地位,湘企中的外向型企业对国际化人才的需求也相对较少。湖南的学生与沿海发达城市相比,在国际化思维和国际化视野方面先天不足,湖南高职院校的国际化发展氛围不浓,国际化意识相对薄弱,整体国际化水平不高,这些都给职业教育国际化带来诸多挑战及压力。

(二)国际化发展整体实力不强

尽管湖南高职院校国际化水平最近5年发展迅速,但与天津、浙江等沿海地区及广西、云南等边境地区相比,整体实力不足。

1. 国际化体制机制不完善

根据各院校提供的年度质量报告，虽然湖南有半数以上的高职院校已开展国际交流与合作相关活动，但85%以上的院校还没有形成完整的国际化办学体系，单独设立了国际交流职能部门或国际学院的院校不到10所。

2. 国际化办学不成规模

尽管近些年来各院校国际化发展取得了长足的进步，国际化交流与合作工作的业务形态已经基本齐全，然而，无论是中外合作办学项目、涉外培训还是境外办学、留学生教育等各个领域，总体上数量依然偏少，未形成规模。

3. 国际化办学湖南品牌不足

不可否认，湖南部分高职院校做出了独具特色的国际化项目，如湖南铁路科技职业技术学院的境外办学、湖南外贸职业技术学院的援外培训等，但未形成诸如天津鲁班工坊那样具有合力的湖南品牌。

4. 国际化师资培养力度尚需加强

在湖南省各高职院校，国际化办学所需的具有国际化视野、双语教学及科研能力的专业教师及管理人员不多，长沙航空职业技术学院、湖南工业职业技术学院已经初步形成了一定规模的国际化师资队伍，但依然还有较长的路要走。

（三）内涵建设尚未深入

1. 校企同频共振机制尚需优化

湖南高职院校的国际化高质量发展，需要建立国家—湖南省—湖南高职院校—湖南国际化企业同频共振协调发展的机制。政府的态度是影响高职院校国际交流与合作的重要因素。为推进"双高计划"的落实，湖南省政府主导资源分配体制与评价制度框架。湖南省在国际交流与合作方面也出台了一系列促进政策，如2022年湖南省教育厅首次对高职院校中外合作办学项目开展评估，评估的目的是以评促建，在某种程度上，对中外合作办学项目起到了一定的监督作用，但还需要更深层次的保障力、执行力及全方位监督。

从高职院校层面来看，国际化发展需要一定的财力、物力、人力，单独一个院校难以形成大的品牌效应，因此，湖南高职院校之间需强强联手，相同、相近专业领域和具有优势的院校强强联合，构建覆盖相关专业的系统化人才培养网络，形成合力，共谋国际化发展。以铁路运输为例，湖南铁道职业技术学院、湖南高速铁路职业技术学院、湖南铁路科技职业技术学院可以强强联手，做大做强。

从校企联动层面来看，湖南高职院校应紧跟湖南制造强省与开放强省战略，主动对接在湘企业的国际化人才需求，目前服务地方经济发展的能力尚需加强。湖南高职院校应针对自身优势专业群，对接轨道交通、智能制造、水稻、湘绣等湖南地方优势产业，建立校政企管理联动、协同发展机制，同频共振，推动各方参与到国际化人才培养过程中，呼应政策、企业需求，服务地方经济发展，解决企业对国际化人才的需求问题。

2. 内部管理及办学机制不够健全

高职院校需大力加强国际化顶层设计，建立灵活的国际化办学机制，提升国际影响力。

湖南高职院校国际化发展尚需在以下几方面加以提高。

（1）国际化管理水平需要提高。湖南高职院校国际化发展的配套管理办法尚需健全，应梳理国际化管理部门职责，制定相关财务制度，完善国际交流合作项目管理办法，国际双语师资管理办法，国际化教学质量评价、监控及考核办法，制定国际化发展目标，制定与教师的绩效考核、职称晋升、薪酬福利挂钩的人事政策与细则，明确多元主体协同合作的原则及发展方向，平衡各主体的利益诉求，调动各方的积极性和主动性。

（2）国际化师资队伍建设有待加强。湖南要从"农业大省"向具有国际竞争力的"制造强省"蜕变，逐步发展以高端制造业为主的高新技术产业群，这对湖南高职教育国际化技术技能人才培养提出了更高要求。对很多湖南高职院校而言，具备国际视野、国际化知识与技能、能开展双语教学的教师数量非常有限。这一方面让高职院校在国际化人才培养方案、国际化课程标准制定，国际合作项目双语教学开展，国际化课程教材编写等方面的工作受到局限，另一方面也导致境外办学、外籍人员培训等各类业务工作中教师的教学能力不足。现有师资力量难以满足湖南高职院校国际化发展对高水平国际化师资的需求，特别是专业教师的跨文化双语教学能力，成为湖南高职院校国际化水平提升的重要一环，需要通过海外学术交流、培训机构学习、国际项目合作实践等多种方式提升专业教师的国际素养。

（3）风险应对机制有待完善。受国际形势和疫情影响，湖南职业教育国际化发展严重受阻，很多国际合作交流、境外办学项目因此停滞，大规模在线教学面临质量及管理难题。在未来一段时期内，个别国家的霸权主义、全球低迷的经济形势、国际局部战争、全球流行性疾病等风险因素的存在，无一不冲击着湖南高职教育国际化发展。对此，湖南省教育厅各职能部门及各高职院校应建立风险应对机制，未雨绸缪，提前做好预案，确保能及时应对各类风险；灵活调整国际化发展思路，积极优化国际交流合作结构布局；与时俱进地创新合作渠道和合作形式，对冲外部环境变化对国际化发展造成的不良影响。

（4）国际品牌影响力不足。湖南职业教育国际品牌已经初具影响力，如"高铁人才培训基地""中几铁路学院"，但是没有形成"鲁班工坊"那样的品牌效应。因此，还需要利用已有成果作为职业教育国际化的重要抓手和突破点，积极谋划、拓展和深化，进一步打造国际化人才培养和培训特色项目，扩大湖南高职教育在海外的影响力，为我国职业教育走出去和国内职业教育发展创造更好的外部环境，为"一带一路"区域发展提供湖南方案。

第二节　职业教育国际化发展策略与实施路径

一、服务"一带一路"倡议国际化发展策略

（一）强化"政"的主导，寻求发展机遇

1. 国家政策层面

根据教育部《推进共建"一带一路"教育行动》，围绕共建"五通"（政策沟通、设施

联通、贸易畅通、资金融通、民心相通），明确提出开展教育互联互通合作、开展人才培养培训合作、共建丝路合作机制，为湖南高职院校服务"一带一路"指明了方向，湖南各高职院校需要密切关注"一带一路"的相关政策动态，做好积极响应，寻求全新教育合作机会。

2. 湖南政策层面

抓住湖南"一带一路"行动带来的机遇。《湖南省对接"一带一路"战略行动方案（2015—2017年）》提出了装备产能出海行动、对外贸易提升行动、引资引技升级行动、基础设施联通行动、服务平台构筑行动、人文交流拓展行动六个领域的行动，湖南高职院校需依据自身在相关专业教育领域的优势，对六个行动进行深入分析研究与对接，进而形成服务"一带一路"教育国际化发展的专业领域与国际化业务形态，在政策、管理、保障、评估、监督、激励等方面做好顶层设计，紧跟湖南"一带一部"区位优势、"鱼米之乡"等资源优势、"工程机械"等产业优势，确立部分专业建设、课程建设及人才培养目标，以符合外向型企业的需求为导向，充分发挥各院校各自的特色与优势，走适合自己特色的国际化道路。

（二）深化校企合作，整合院校资源

1. 校企深度合作

高职教育的本质在于"产教融合、校企合作"，为企业培养一线技术技能人才，而"一带一路"教育行动最主要的任务是为区域经济、贸易、服务培养人才。湖南在轨道交通、机械重工、现代农业、湘绣湘瓷等领域具有独特的产业优势，高职院校可深化与这些企业的合作，组建职业教育协同湘企湘品"走出去"合作联盟，校企命运与共，协同发展，联合开展国际化人才培养、技能培训、境外办学等合作项目，在境外重点建设一批技术技能人才培养基地和海外员工培训中心，培养一大批"高铁、制造、建筑、水稻湘军"，服务湖南本土优势产业，助推企业"抱团出海"。

2. 院校强强联合

国际化发展需要一定的财力、物力、人力，单独一个院校难以形成大的品牌效应，产生的影响也不够深远，但是，如果在相同、相近专业领域具有优势的院校强强联合、共同发展，其辐射作用将更加明显。以铁路运输为例，在湖南省内有湖南铁道职业技术学院、湖南高速铁路职业技术学院、湖南铁路科技职业技术学院；在航空领域，有长沙航空职业技术学院、张家界航空职业技术学院，如此等等。可以说，在先进制造业、轨道交通、航空动力、电子信息、新能源汽车、有色矿业、现代农业、生物制药、路桥房建、电子信息、文化传媒等领域，均有好几所高职院校开设了相关专业，如果各院校彼此之间加强合作，将形成覆盖相关专业的系统化人才培养网络，形成合力，共谋国际化发展，服务"一带一路"的功能将大幅增强。

（三）抓好国际化发展内涵建设

湖南高职院校应该加强内涵建设，不断优化适合国际化需要的专业与课程，使之适应社会经济发展的需要，不断改变国际化教学理念、设定国际化人才培养目标、健全服务体系，使高职教育为湖南"一带一路"倡议实施输送高素质技术技能人才。

1. 立足办学特色，加强专业学科品牌建设

湖南高职院校应该立足各自的优势专业领域及发展特色，主动适应全省和区域产业布局实际情况，面向湖南对外发展优势领域，深度对接相关产业链，如长沙航空职业技术学院对接航空产业链、长沙商贸旅游职业技术学院对接旅游产业、湖南大众传媒职业技术学院对接文化产业等，着力打造特色鲜明、综合实力强、社会认可度高、招生就业好、具有示范引领作用、可推广可输出的专业品牌，增强社会服务能力，提升为服务国家和湖南地方经济社会发展提供高素质技术技能人才的能力与水平。

2. 推进专业课程标准的国际化

通过引进职业教育发达国家的优质资源，积极参与国际标准研究与国际认证，加速专业、课程与国际接轨，加强专业标准、课程标准及教学模式、实习标准、职业资格标准国际化，提升国际通用性，这是高职院校教育标准"走出去"的重要途径。同时，通过与共建"一带一路"国家开展学分互认，促进交换生与双向留学，大力推进中外标准互认。到目前为止，湖南向共建"一带一路"国家输出的职教标准，包括与加拿大、德国等国合作开发的《机械制造与自动化专业标准》《电工（西门子 S7-1200PLC 能力）培训标准》，通过与"一带一路"国家合作，对相关标准进一步优化，最终被泰国、马来西亚和越南等多个国家的学校、企业广泛采用[①]。

3. 加强国际化师资队伍建设

师资队伍国际化是湖南高职教育走出国门的强力保障，而目前高职院校的国际化师资队伍有待加强，打造一支具备强大国际竞争力的师资队伍，已成为湖南实现"职教国际化"的关键因素。各院校在认识上应高度重视，通过外引内培相结合的方式，建立健全激励制度，引进一批具有海外留学背景的国际化人才或国际化企业中的优秀技术骨干。与此同时，通过国外培训研修、赴国外开展中长期访学，国际化企业顶岗、参与国际学术交流等方式内部培养一批具有国际化视野、国际化教学能力的双语教师，以长沙民政职业技术学院为例，该校已经送培 2 批共 100 人参加双语培训，大力提升专业教师及行政、教学管理人员的双语能力和外事工作能力。

（四）推进"在地国际化"合作范式

新冠疫情和当前国际形势等对国际化带来了极大的负面影响，但这些不利因素不会改变国际化大趋势，"一带一路"倡议更不会就此停滞，湖南职业教育服务"一带一路"的光荣使命任重道远。需要不断创新国际化合作范式，结合"国外国际化（international abroad）"，推进"在地国际化（internationalization at home）"建设。在地国际化其实质是对国际化人才在地培养，强调创新本土高职院校国际化发展模式，例如，通过云上国际教育展、云端会话等方式，探索"线上"招收留学生新路径；通过开设"线上教学+自主答疑""录播+辅导交流"等"海外课堂"，进行培养模式创新，用互联网搭起"教与学"的桥梁；通过"云学习、云考察、云交流"开展援外培训；依托中国-东盟职业教育国际合作联盟、中非经贸合作职业

---

① 湖南省高等职业教育质量发展年度报告[EB/OL][2021-07-10]. https://www.tech.net.cn/column_rcpy/art.aspx?sf=%E6%B9%96%E5%8D%97%E7%9C%81&nd=2020&type=1.

教育产教联盟、中泰职业教育合作联盟等平台，开展文化"云交流"，打造"湖湘文化"交流品牌；举办云学术沙龙、云讨论、云交流，云会议，通过视频教育、远程教育等方式打破国际化教育的时空界限。

二、湖南高职院校国际化水平提升路径

（一）立足服务湖南地方经济发展

湖南高职院校的国际化发展，首先要把握湖南省产业对外发展的实际需求，立足服务区域经济对外发展，对接湖南制造强省与开放强省战略，办学特色紧跟轨道交通、智能制造、水稻、湘绣等具备国际竞争力的优势产业，学校持续建设与行业产业相匹配的专业群，并重点建设其国际化课程内涵、双语师资、国际化人才培养模式等，以优势专业群带动整个学校的国际化水平，打破湖南地域劣势，成为支撑湖南行业企业发展不可或缺的力量，充分体现湖南经济特色，服务湖南经济建设。

（二）形成多方联动机制

湖南高职院校应该根据本校办学特点，根据湖南省的外事政策和国际化导向，联手湖南省政府及主管部门、有国际化需求的在湘企业、相关行业等，建立校政企行管理联动机制，建立协同发展机制，明晰校企行在人才培养中的定位和角色任务等，考虑所有参与主体的利益，推动各方参与国际化人才培养过程。

高职院校首先需要大力加强国际化顶层设计，建立灵活的国际化办学机制，提升国际化管理水平，从外事部门的设立到各种文件的制定，缺一不可。通过制定各种文件，如国际化办学管理办法、国际化师资管理办法、国际化教学质量评价及监控办法等，明确多元主体协同合作的原则及发展方向，通过各种激励约束制度平衡各主体的利益诉求，调动各方的积极性和主动性。其次需要协调好各方主体。外事无小事，在国际形势风云突变的情况下，高职院校应主动对接湖南省教育厅国际交流处、湖南省外事办等部门。高职院校还应主动对接与自身院校关联度大的在湘企业，如三一重工及轨道交通、智能制造、湘绣等行业企业，了解其"走出去"需求，确定湖南职业教育服务国际产能合作的重点任务，重点考察其国际人才需求等关键指标。以长沙航空职业技术学院为例，针对学校立足军航、拓展民航的特点，主动对接湖南航空的国际化需求，主动对接中航工业军备走出去需求。

（三）打造多方协同国际化团队

依托湖南自贸区等平台，强化人才内推外引政策，推进国际化师资团队建设。建设一支具有国际视野、通晓国际规则、专业能力胜任的结构化团队。国际化团队应具有以下特点：

（1）跨界组队。团队成员包括英语好的专业教师及行业企业专家，以及专业性强的英语教师。

（2）具备国际思维能力。团队成员英语交际能力强，具备国际视野，通晓国际规则，能够在国际合作办学、接洽过程中承担双语教学、资料翻译与现场翻译等工作。

（3）具备境外访学或工作经验。团队中有成员具备海外工作经验、国际交流合作接洽经验或访学经验。

（4）动态更新能力。团队具备较强的英语应用能力，能通过英语跟踪世界新兴产业、最新技术的动态发展。

高职院校在打造国际化教师队伍的过程中，需采用"内培外引""专兼结合"的原则，一方面加强海外引智，聘请高水平专任教师；另一方面加大教师岗前、岗中培训，支持教师在境外组织任职，组织教师开展境内外教育教学培训，提升教师的跨文化交流能力及国际化教学理念。

（四）对接国际认证标准

拓宽国际标准对接渠道，推进高职院校湖南特色专业标准及课程体系国际认证，促进职业教育国际化内涵发展，提供湖南高职特色的模式、标准和资源，与世界各国共享。一方面，引进国外先进标准。高职院校可以通过中外办学机构引进德国、美国、日本、英国、澳大利亚、加拿大等国外优质课程资源进行学习，并将其进行本土化改造，将先进的元素融入湖南国际化课程的内涵建设，如国际化课程设计、标准制定、课堂模式、实训课程等，但切忌单一的"拿来主义"导致的"水土不服"。另一方面，让湖南标准逐步引领世界。要实现高职教育国际化的培养目标，必须要有与国际接轨的、科学合理的课程体系和符合国际化需求的教育教学内容[①]。湖南高职院校需要积极参与到轨道交通、杂交水稻等具备产业优势的职业标准制定中，渗透进各种国际组织、行业协会及龙头企业合作体系中，并融入各类专业标准、课程标准、国际化资源、人才培养方案中，提升湖南标准在国际层面的话语权。

（五）健全危机应对机制

在全球新冠疫情、俄乌战争、大国博弈、逆全球化呼声此起彼伏的大背景下，高职院校国际化发展面临重大挑战。再加上湖南的地域劣势、经济状况、高职院校学生素质等原因，其国际化发展面临更多的风险和危机，需要各高职院校健全应对机制，以新方法、新路子积极应对新形式、新危机。《教育部等八部门关于加快和扩大新时代教育对外开放的意见》强调，要扩大在线教育国际辐射力，支持各级各类学校和机构开发具有中国特色和国际竞争优势的专业课程、教学管理模式和评价工具，将疫情对国际化建设冲击最小化。

利用"在线国际化"手段，有效解决各种危机导致的国际流动不畅等问题，运用"互联网+"远程教育模式，加强在线英文资源与英文平台建设，强化教师国际化双语能力提升，提升在线课程服务国际化人才培养的能力。更要在跨境在线教育治理方面着力，在境外远程学历教育的准入、在线课程学习结果认证、慕课平台监管、在线教育资源参与合作办学等方面，研究制定相关政策文件，明确管理规则[②]。积极研究制定有关留学生、出访交流学生、中外合作办学项目学生在线远程面试、注册、参加学业考试和论文答辩等方面的管理规章，做好教师跨境教学的支持服务和质量管理，探索线上跨境合作新形式。

---

① 张苑妮. 新时代高职教育国际化：何为、难为与应为[J]. 教育科学论坛，2022（18）：12–18.

② 韩亚菲，秦琳，蒋凯. 变局与破局：新形势下高等教育国际化的挑战与应对[J]. 大学与学科，2021，2（3）：80–90.

三、高质量发展的实施路径

（一）在借鉴发展中强内涵

1. 打造国际化高质量发展的生态环境

完善湖南职业教育国际化发展机制、生态，打造"高质量发展"的生长土壤。省级行政管理部门需要积极响应国家相关法律法规、国家战略，出台国际化发展的政策，加强对高职院校在国际教育、法律、政策、文化等方面的指导，做好职业院校的引领、协调与监督评估工作。各高职院校需针对自身特色与优势，高起点谋划国际化发展战略与发展方向，营造优良的国际化氛围，提供国际化发展保障资金，提升学校国际化发展理念的认可度。

2. 加速优质资源的引进借鉴

加强与德国、美国、英国、澳大利亚、加拿大等职业教育发达国家的合作，引进先进职业教育理念、专业与课程标准及教学资源，吸收职业教育国际化先进国家在理念突破、政策制订、发展途径、实施策略等方面的经验，借鉴国内其他省份优质高职院校的国际化办学经验，融合湖南社会、经济、教育、文化等方面的现实特征，为湖南职教国际化高质量发展奠定基础。

3. 大力加强内涵建设

遵循职业教育的本质规律，深化产教融合，强化与外向型企业的校企合作，与企业共建共享高质量国际化专业课程标准、教学资源、国际先进的实训基地，并进行推广和认证，组建由企业与院校构成的结构化师资团队，夯实国际化办学基础，提升国际化办学能力，联合开展国际化办学项目，优化国际化人才培养模式。

4. 在特色发展中突破

基于湖南经济、传统产业、新兴产业等，打造高铁、水稻等领域具有湖南特色与优势的国际化专业品牌，寻找国际化高质量发展的内部突破口。以这些专业品牌为依托，制定既符合国际化要求又具有湖南特色的专业质量认证标准，探索国际认可且具湖南特色的专业建设质量标准，打造湖南职业教育走出去国际化品牌。

（二）在创新发展中求突破

1. 创新国际合作办学理念

湖南职业教育国际化发展，应借湖南省政府"开放崛起"的东风，基于"增强服务、数字赋能、大力创新"等理念，创新国际化战略思维。一方面，有效结合国际化和本土化，处理好"引进"与"输出"的关系；另一方面，加强国际化整体规划，从全球一体化的角度衡量湖南职教对输出国当地经济发展的价值和功能，并根据当地经济发展水平制定差异化及特色化的合作策略，分阶段、有重点、特色化地推进湖南职业教育国际化输出，为湖南职业教育增值，为湖南"走出去"企业赋能。

2. 创新国际化发展合作主体

湖南职业教育国际化发展，需全方位加强国际合作主体创新。首先，从合作国别及地方区域来看，改变传统上只与老牌职业教育发达国家如英国、德国、澳大利亚、美国等合作的输入式合作模式，面向亚洲、非洲及南美国家及地区，面向"一带一路"建设中的新发展、新需求。其次，创新校企协同育人平台，加快构建校企共生共荣共同体。强化"走出去"企业在国际合作中的主体地位，强化"走出去"企业在国际化技术技能人才培养方案—培养—就业全过程中的主体地位。湖南省人民政府为企业制定相关激励、减税、校企协同境外办学专项资助等政策，提高企业、社会团体、各种国际化联盟参与国际职业教育的积极性和主动性，并提供各种平台，商讨、确定、推进国家的教育合作项目，定期发布国际交流与合作信息，破解地方高职院校国际交流与合作的信息障碍。最后，在湖南省各级职业院校层面，需要以专业龙头学院为主导，建立起协同配合机制，在竞争中寻求合作，实现抱团发展。

3. 创新国际合作形式及技术手段

抓住数字化改革给职业教育国际化弯道超车带来的历史机遇，利用现代信息技术，借助人工智能、大数据等新技术媒介，通过平台升级、资源开发等方式，积极通过云端会议、云讲座、空中工作坊等新形式，创新国际学术、在线教学、合作交流模式，打破以人口跨境流动为主的窘境，创新传统的国际化合作办学、境外办学模式，探索在地国际化、在线教育等国际化发展新形式，创新合作形式，多元发展，以应对疫情、霸权主义等风险带来的弊端。

4. 提升国际合作层次

湖南职业教育国际化发展，必须在有效服务当地经济社会发展的同时，瞄准海外需求，增强职教国际化的适应性。面对湖南开放崛起的大好形势，充分发挥湖南职业教育国际化的服务功能，深化与国际化、外向型化企业产教融合、校企合作，"宽领域、深层次、高水平"创新发展，在国际化办学项目及国际化培训项目方面，继续发挥湖南传统特色产业的合作优势，拓宽新兴产业合作领域，在形式上与时俱进，在领域中不断加深，在水平上不断提高，以增强面向湖南产业的适应性。

（三）在品牌发展中树标杆

1. 追求"湘"字特色

受天津"鲁班工坊"、浙江"丝路学院"、江苏"郑和计划"、江西"天工学院"、四川"熊猫学院"等国际办学品牌启发，湖南职业教育高质量发展要在打造国际化项目品牌上下功夫，在"引进来""走出去"的发展道路上打造典型"湘"字特色。一方面，可充分利用湖南传统产业"湘绣""湘菜""湘瓷""湘茶""湘戏"等一批服务地方特色产业的"湘字牌"专业群，吸引海外学子来湘学习。另一方面，通过对接的"湘铁""湘工""湘商"等一批服务先进轨道交通装备、工程机械等新兴优势产业的"湘字牌"专业群，利用工程机械、轨道交通、航空动力产业集群对全球产业的影响力，以及海外扩张对国际化技术技能人才的需求，打造湖南特色品牌，加强校企合作，借助具有较大国际影响力的湘企，借船出海，打造具有湘味的教育品牌，提升国际知名度[①]。

2. 追求国际标准

湖南职业教育国际化发展，需要在内涵建设上大做文章，参照国际标准，制定与之相适应的国际技能标准、人才培养标准、课程标准、实训室建设标准及教学资源，推动湖南职业教育标准与国际接轨，深度参与全球职业教育质量评价体系、职业资格证书认证标准，积极加入国际职业教育互认体系，规范国际化办学教学秩序，利用"中国-东盟职业院校技能大赛""世界技能大赛"等区域性国际技能竞赛契机，传播"湖湘职教故事""湖湘工匠精神"，实现专业课程国际化、教师队伍国际化和学生就业国际化。

3. 服务全球经济发展

近十年，湖南职业教育国际化发展有一个共同理念：为"走出去"湘企深度融入全球产业链、价值链和物流链提供国际化技术技能人才。一方面，驱动湖南经济发展，最终促进输出国如东南亚、非洲及"一带一路"共建国家当地经济发展；另一方面，通过"定向发展""以点带面"的方式，借政策之东风，湖南职业教育已经将课程、师资、人才培养模式、职业资格、实训体系、教学标准渗透、推广这些国家及地区，并逐步向全球其他国家和地方发展。

第三节　职业教育国际化服务地方经济发展
——湖南样本视角

在全球化日益加深的今天，职业教育作为与经济社会发展紧密相连的教育类型，其国际化发展不仅是提升自身教育质量和水平的必由之路，更是服务地方经济、推动区域经济国际化的重要力量。湖南省作为中部地区的经济大省，近年来在职业教育国际化方面取得了显著成效，形成了独具特色的"湖南样本"，为其他地区提供了宝贵经验和借鉴。职业教育国际化的核心在于通过引进国际先进教育理念、教育资源和管理模式，培养具有国际视野、跨文化沟通能力和高技能水平的复合型人才，从而满足地方经济在全球化背景下的多元化发展需求。湖南省积极响应国家"一带一路"倡议，主动融入全球教育合作与交流中，推动职业教育资源"走出去"和"引进来"，不仅提升了职业教育的国际化水平，更为地方经济的国际化发展注入了强劲动力。

本节旨在探讨职业教育国际化服务地方经济发展的"湖南样本"，通过分析湖南职业教育国际化的实践经验、成效与挑战，揭示其背后的逻辑和规律，为其他地区职业教育国际化发展提供理论支撑和实践指导。同时，我们也将关注职业教育国际化与地方经济发展的互动关系，探讨如何通过职业教育国际化促进地方经济转型升级和可持续发展。

---

① 曾怡华. "一带一路"背景下湖南省地方高职院校国际交流与合作优化路径探析[J]. 高教学刊，2021（7）：18-21.

一、欲破坚冰，政策先行

自"一带一路"倡议提出，湖南省人民政府及职业教育主管部门在政策层面作出积极响应并立即行动，陆续出台相关政策，推动湖南职业教育国际化发展，服务湖南本土经济建设。在2013年"一带一路"倡议提出后，湖南省和教育部也相继出台《湖南对接国家"一带一路"战略工作方案》（湘政办发〔2015〕67号）和《推进共建"一带一路"教育行动》（教外〔2016〕46号），对共建"一带一路"教育行动的定位是，重点共建"五通"（政策沟通、设施联通、贸易畅通、资金融通、民心相通），提供两方面的支撑：一是促进民心相通，二是为其他"四通"提供人才支撑。2020年2月，《湖南省职业教育改革实施方案》（湘政发〔2020〕2号）出台，要求职业院校：探索在海外设立技术技能人才培养基地，推进优质职业教育资源走出国门，服务湖湘企业"走出去"。2021年10月，《教育部 湖南省人民政府关于整省推进职业教育现代化服务"三高四新"战略的意见》（湘政发〔2021〕5号）发布，提出"建成职业教育内陆改革开放新高地"的目标，要"在国（境）外重点建设一批技术技能人才培养基地和海外员工培训中心，培养一大批'高铁湘军''制造湘军''建筑湘军''水稻湘军'，服务轨道交通、装备制造、工程机械、建筑业、生物种业等优势产业"，为办好新时代职业教育提供湖南经验和模式。

二、品牌与服务共一色

湖南职业教育国际化发展首先定位于服务"一带一路"品牌建设。一方面，学习国内外先进经验，大量借鉴德国、美国、加拿大、英国、澳大利亚等国家，以及天津、江浙、云南、广西等地的先进国际化发展理念、发展模式、职教标准、国际化办学模式及经验，同时本着服务当地经济发展、服务湖湘企业"走出去"的初衷，湖南职教管理部门进行顶层设计、全局规划，积极推动湖南职业教育国际化发展实践，讲述湖南故事，传播湖湘文化，使湖南职业教育国际化发展的"湖南实践方案"在服务"一带一路"中掷地有声。湖南大众传媒职业技术学院连续13年参与"汉语桥"世界大学生中文比赛相关工作，2022年与湖南教育电视台联合摄制了"汉语桥"20周年系列纪录片《桥来桥往》，在马尔代夫共和国承办了维拉学院汉语中心（孔子学院）；湖南外贸职业技术学院等积极申报"鲁班工坊"；湖南高速铁路职业技术学院建设驻泰国哇碧巴通职业技术学院高铁人才培训基地，与几内亚科纳克里大学共办科纳克里大学铁路学院；湖南铁路科技职业技术学院建立"东非（肯尼亚）铁道交通高技能人才培养基地""东盟轨道交通人才培训中心"……这些实践都为"一带一路"区域发展提供了"湖南方案"，形成了一定品牌影响力。

湖南职业院校的国际化发展，坚持"走出去"，通过境外办学与培训、境外技术服务与援助、中外合作办学、招收留学生、中外交流等，服务国际化企业以及当地经济发展。湖南三一工业职业技术学院和湖南交通职业技术学院在海外开展售后服务工程师培训；湖南高速铁路职业技术学院开设境外办学点；湖南工业职业技术学院与泰国合办中泰"芙蓉工坊"；湖南汽车工程职业大学、长沙民政职业技术学院、常德职业技术学院、湖南交通职业技术学院、湖南铁道职业技术学院等招收来自蒙古、越南、老挝、马来西亚等国的留学生；湖南铁道职业技术学院在马来西亚大同韩新学院成立产业学院，在中老铁路开通之际承担中老铁路客运员工援外培训；怀化职业技术学院派教师作为农业技术援外专家赴安提瓜和巴布达开展农业技术援助工作；湖南外贸职业技术学院在非洲开展中国国情和中国文化专题讲座，传播中国声音，展示中国形象；湖南生物机电职业技术学院在非洲通过"中文+技能"培训传播湖湘文化。

三、特色与标准比翼齐飞

湖南职业院校在国际化发展之初，选择本校最具优势的王牌专业及特色专业，坚持先内涵发展、再开放办学的原则，主动适应湖南和区域产业布局，面向湖南对外发展优势领域，服务湖南本土产业，进行优势发展和特色发展，如长沙航空职业技术学院对接航空产业链，湖南交通职业技术学院对接路桥产业，长沙商贸旅游职业技术学院对接旅游产业，湖南大众传媒职业技术学院对接文化传媒业，湖南高速铁路职业技术学院对接铁路、路桥产业，着力打造特色鲜明、具有示范引领作用、可推广可输出的专业品牌，提升服务"一带一路"沿线经济社会发展急需的高素质技术技能人才水平。

湖南职业院校积极推进专业及课程内涵建设，对标国际标准，与国际机构和组织、海外高校和企业合作，加强自身专业标准、课程标准及教学模式、实习标准、职业资格标准、技术标准、设备标准、管理标准的国际化，对标世界先进行业产业发展需求，紧跟国际行业发展最新趋势，把握通用规则，精准对接国际产业需求，共同制定对接共建"一带一路"国家如印度尼西亚、泰国、马来西亚、柬埔寨等国产业体系的"中国标准"，满足生产创新需求，有效提升职业教育国际化服务水平，更好地服务湘企"走出去"。如今，湖南向共建"一带一路"国家输出了一系列职教标准，如湖南工业职业技术学院制定的"机械制造与自动化"专业标准被泰国、马来西亚、越南等多个国家的学校、企业广泛采用；湖南高速铁路职业技术学院开发了"铁道信号自动控制""铁道车辆"专业标准、"铁路车站信号设备""铁路区间信号设备""现代铁路信号技术""铁路通信技术"课程标准，并与老挝国立大学、泰国孔敬大学等6所国外学校签订合作协议。湖南化工职业技术学院承担坦桑尼亚教育部国家职业教育委员会"中国职业院校在坦桑尼亚国家输出行业岗位职业标准以及配套人才培养方案"项目，完成的一系列职业标准和配套专业教学标准通过坦桑尼亚国家职业教育委员会审核与认证，正式纳入坦桑尼亚国家职业教育标准体系。

四、数字化手段争创新

世界局势千变万化，世纪疫情肆虐，局部地区冲突此起彼伏，霸权主义长期存在，影响职业院校国际化发展的不利因素总会存在。针对已有的和潜在的不利因素，湖南职业院校拥抱数字技术，创新教学模式，一一化解与共建"一带一路"国家对外交流过程中出现的所有风险因子，解决因人员流动受阻等问题对湖南职业教育输出的严重冲击，以及由此带来的国际化办学规模减小，境外办学、来华留学项目停滞不前等问题。

新冠疫情期间，湖南职业院校通过在线注册、视频授课、在线考试、远程辅导答疑、云讲座、云会议等数字化方式，全面创新招收留学生路径、援外培训形式、境外办学和海外课堂模式、中外合作办学形式，确保在国际化发展的道路上持续前进。同时，利用中非经贸合作职业教育产教联盟等各种平台，举办云讨论、云交流、云会议，打造"湖湘文化"交流品牌。2022 年，湖南铁道职业技术学院采取线上宣传、海外高校推荐等招生方式克服疫情对海外招生带来的影响，共招收来自蒙古、越南、老挝、马来西亚等国家的"中文+技能"海外留学生 22 名，并针对学生无法到校学习的情况采取线上方式进行教学和管理；长沙民政职业技术学院创新"中文+"教学体系；湖南铁道职业技术学院通过云端课堂进行"中文+技能实训观摩"教学。

五、产教协同助发展

湖南职业院校紧跟湖南省对外开放发展形势，在国际化发展中采用产教融合共同体共同发展形式，通过政府、行业、企业、学校四方协同，联手"轨道交通""机械重工""道路桥梁""现代农业""湘绣湘瓷""航空产业""文化传媒"等"走出去"企业，一方面在职业院校内部开设校企联合培养国际化工匠班，招收国际学生，另一方面在"一带一路"国家设立海外培训点，提供技术外援，为企业培养国际化技术人员，赋能"湘企"国际化。长沙航空职业技术学院利用"航空职业教育与技术协同创新中心"（2013 年成立，2020 年 11月更名为"航空工程职业教育集团"）的航空资源优势，服务众多航空企业"走出去"需求，为安哥拉、赞比亚、尼日利亚、赤道几内亚、巴基斯坦、缅甸、马来西亚等国开发无人机培训课程，援建航空维修培训中心，提供航空装配技能培训。2022 年，学院加盟大飞机产教融合联盟-技能人才子联盟，共育大飞机制造产业国际化技术技能人才，培养出更多"能工巧匠"，为大飞机制造技术技能人才队伍建设提供重要支撑。

湖南城建职业技术学院助力湖南建工集团海外发展战略，校企共建"中湘海外"基层管理与技术人员培训基地，为海外建筑工程项目订单培养学生，对接集团海外建筑工程项目，组织海外本土人员进行建筑工程施工与管理培训和特殊工种培训。湖南三一工业职业技术学院通过招收来自印度、马来西亚、蒙古等国的国际学生，开设国际化定向班，设立海外培训点，以多种形式对接三一集团有限公司国际化发展需求。湖南汽车工程职业大学先后与特斯拉、保时捷、宝马、大众、福特、通用、沃尔沃等 7 家国际知名车企合作办学，将国际标准、最新技术融入课程建设。

六、靶向发展求精准

湖南职业院校国际化发展的精准性，首先表现为在地理位置上的靶向发展，主动对接与湖南经贸关联较多的共建"一带一路"国家及地区的重大项目进行靶向人才培养，定向招收留学生；其次，在重点产业链条上靶向发展，大力加强工程机械、轨道交通、湘药湘造、现代农业、湘茶湘绣等湖南优势产业链本土国际化人才培养力度，做优做强来华留学；最后，在民心相通上靶向发展，推进湖南职业教育与共建"一带一路"国家人文交流，通过中非经贸博览会职教论坛等平台，展示湖南的文化传媒、湘绣、湘瓷、湘茶等湖湘老字号品牌产业，推动各国人民相知相容相通。服务湖南国际化企业的境外需求，服务共建"一带一路"定点合作国家和地区经济发展需求，依托中国-东盟职业教育国际合作联盟、中非经贸合作及中泰职业教育合作联盟等平台，打造教育文化交流品牌，大力促进了定向发展地区的经济发展，在当地形成了良好口碑和影响力。

在常德职业技术学院 2021 年招收的 48 名留学生中，有 31 人来自共建"一带一路"国家；

湖南现代物流职业技术学院主动面向来自缅甸、巴拿马、巴勒斯坦、委内瑞拉、尼泊尔等共建"一带一路"国家开展发展中国家企业高管人员领导力提升研修班等各类培训；湖南三一工业职业技术学院工程机械专业开设国际班，专门培养适应海外工作的"专业化、国际化、职场化"高素质国际化人才；湖南城建职业技术学院积极组织学生到斯里兰卡、加纳、塞内加尔、布隆迪、斐济、刚果（金）等国家开展顶岗实习，实习期满后很多学生加入了境外建筑湘军队伍；湖南交通职业技术学院与中联重科股份有限公司组建中联海外售后服务班，针对亚澳大区、印尼大区、东南亚大区及广阔的非洲地区开展工程机械技术支持、售后服务、产品销售等工作；湖南铁路科技职业技术学院加入欧亚交通高校国际联合会，深化与欧亚交通院校之间的合作，共同培养高速铁路国际化人才，服务欧亚交通走廊建设；岳阳职业技术学院依托在老挝建立的"岳阳职业技术学院老挝万象协和教学医院""岳阳职业技术学院老挝中医养生馆"，开展中医养生保健、中药药膳等专业培训服务，面向老挝医护人员和民众开展基础护理技能操作、常见急危重症抢救、产后恢复等专业技能培训，依托在马来西亚成立的"岳阳职业技术学院马来西亚培训中心"，面向马来西亚家政、月子中心、医护机构开展产后恢复师培训，学院开展的境外人员技能培训帮助共建"一带一路"国家提升了医疗技术能力，推动了共建"一带一路"国家健康卫生事业发展。

七、雄师远航保质量

师资队伍国际化是湖南职业教育走出国门的强有力保障，打造一支具备强大国际竞争力的师资队伍，已成为湖南职业教育国际化发展成功与否的关键因素。湖南省及各职业院校通过国外访学、国际化企业顶岗实习、双语培训、参与国际学术交流等内培外引方式培养了一批具有国际化视野、国际化教学能力的双语教师，以长沙航空职业技术学院为例，该校于2016年度、2017年度受湖南省教育厅委托，在湖南省普通高等学校中青年骨干教师培训中，开设了适应湖南产业走出去战略的国际化人才培养高级研修班。从2013年开始，该校6年送培了10余批共计126名教师到美国、加拿大、新加坡、德国进行访学，50余人参加国内双语培训，大力提升专业教师及行政、教学管理人员的双语能力和外事工作能力。

参 考 文 献

[1] BRUHN E. Towards a framework for virtual internationalization〔J〕. International journal of e-learning&distance education. 2017，32.

[2] SCOTT P, Massification, internationalization and globalization〔J〕. The globalization of higher education, 1998.

[3] YEOW A, SOH C, HANSEN R. Aligning with new digital strategy：a dynamic capabilities approach〔J〕. Journal of strategic information systems，2017，27（1）：43-58.

[4] 陈凯军, 刘卫民, 兰琳. 湖南省职业教育国际化高质量发展：时代背景、现实困境及实施路径[J]. 黑龙江教师发展学院学报, 2024, 43（2）：90-92.

[5] 陈凯军. 湖南高职院校服务"一带一路"倡议的国际化发展：问题与对策[J]. 黑龙江教师发展学院学报, 2023, 42（11）：98-100.

[6] 段世飞, 刘林佳, 钱跳跳. 从"物理国际化"到"虚拟国际化"：高等教育国际化的范式转换[J]. 清华大学教育研究, 2024, 45（3）：48-59.

[7] 郭艺, 赵秦. 新时期职业教育服务"一带一路"建设的成就、现状和路径[J]. 教育与职业, 2024（13）：92-99.

[8] 胡英芹. "双高计划"视域下高等职业教育内涵式发展的诉求、特征与路径[J]. 职业技术教育, 2020, 41（14）：11-14.

[9] 谯欣怡, 梁议心, 韦妙. "职教出海"战略下高职教育国际化水平测度、时空差异与影响因素研究[J]. 职教论坛, 2025, 40（1）：110-119.

[10] 高淑红. "双高计划"背景下高职院校师资队伍国际化激励机制研究[J]. 职教论坛, 2020, 36（6）：105-110.

[11] 康卉, 党杰, 蒋涛. "双高"背景下高职教育国际化探究[J]. 教育与职业, 2021（6）：39-42.

[12] 刘宝存, 庞若洋. 教育强国建设背景下的高等教育国际化：关键维度、国际方位与发展路径[J]. 云南师范大学学报（哲学社会科学版）, 2024, 56（5）：92-103.

[13] 刘子林, 张慧敏. 高职院校高水平国际化"双师结构"教学团队的内涵要求、建设瓶颈与发展路径[J]. 教育与职业, 2024（12）：99-105.

[14] 刘文霞.高职院校与"一带一路"企业的合作模式研究[D].上海：华东师范大学,2022.

[15] 乔红宇,施祝斌,王琪.基于"跨境校企共同体"的国际化办学实践探索：以中新（南通）国际海事培训中心为实证平台[J].职业技术教育,2020,41（17）：16-19.

[16] 李佐,吴雪萍.教育强国建设背景下高职院校国际化评价指标体系构建[J].职业技术教育,2025,46（4）：59-65.

[17] 吕景泉,赵文平,张磊.中国职业教育国际化的进展与方略：2022 年职业教育国家级教学成果奖"国际化"主题获奖成果分析[J].中国职业技术教育,2023（25）：79-85.

[18] 吕景泉,戴裕崴,李力,等.鲁班工坊：中国职业教育国际化的创新实践[J].中国职业技术教育,2023（25）：86-90.

[19] 马新星,吴金璐.教育强国背景下高职学生全球胜任力培养的价值意蕴、现实困境及实现路径[J].职教论坛,2024,40（10）：25-31.

[20] 邱金林.职业教育国际化产教融合发展的探索与思考：基于构建中国–东盟职教共同体的职业院校实践[J].职业技术教育,2020,41（6）：24-28.

[21] 汤晓军.提质培优背景下高职教育国际化面临的挑战与发展路径[J].教育与职业,2022（5）：61-66.

[22] 吴燕萍.提质培优背景下高职国际化办学水平提升的价值、原则与对策[J].教育与职业,2022（1）：53-57.

[23] 邬郑希,郝瑜沛,曹喆.基于在线教育平台的职业教育国际化课程评价指标体系研究[J].中国职业技术教育,2022（20）：65-73.

[24] 王屹."一带一路"十年：我国职业教育国际化回顾与展望[J].职业技术教育,2023,44（33）：1.

[25] 王屹,梁晨,陈业焱.职业教育高水平开放合作：立意、要点和路径：以中国—东盟职业教育合作为考察对象[J].职业技术教育,2024,45（25）：6-12.

[26] 王良存.职业院校国际化协同发展模式、困境、优化：基于行动者网络理论分析框架[J].中国职业技术教育,2024（27）：59-66.

[27] 王亚芳.利益相关者视域下职业教育海外协同办学的实然审视和应然向度[J].教育与职业,2024（24）：63-69.

[28] 谢健.高职院校中外合作办学可持续发展研究：战略管理的视角[D].厦门：厦门大学,2022.

[29] 邢承设,何少庆.新时代职业教育国际影响力提升的基础、问题与路径[J].教育与职业,2021（4）：40-45.

[30] 杨延,王岚.中国职教"走出去"项目"鲁班工坊"国际化品牌建设研究[J].中国职业技术教育,2021（12）：124-127.

[31] 杨玥.多元主体协同推进职业教育国际化的生成逻辑、内在机理及实施策略[J].教育与职业,2021（6）：35-38.

[32] 杨剑静.数字化、国际化发展背景下澳大利亚 TAFE 模式的改革趋向[J].中国职业技术教育,2024（3）：52-58.

[33] 殷航,安培.从"入场"到"主场"：职业教育国际化信息治理的场域研究[J].教育与职业,2020（4）：5-11.

[34] 余姗姗,何少庆."双高计划"背景下高职院校国际化发展的导向、问题与对策[J].教育与职业,2020（10）：33-39.

[35] 张海宁.基于八维结构的高职教育国际化发展现状及对策研究：以江苏省为例[J].中国职业技术教育,2019（13）：74-79.

[36] 赵迎春.提升职业教育国际影响力的内在之"道"[J].神州学人,2024（11）：12-16.

[37] 赵迎春,解芳,龙谦琪.走有内涵的职业教育国际化发展之路[J].神州学人,2024（4）：21-25.

[38] 赵迎春."双高计划"背景下湖南高职院校国际化水平提升路径研究[J].黑龙江教师发展学院学报,2024,43（1）：114-116.

[39] 赵迎春.职业教育国际化高质量发展：现实之难与破解之道[J].山西青年,2023（23）：34-36.

[40] 赵迎春."一带一路"职教行动的湖南样本[J].神州学人,2023（Z1）：78-81.

[41] 赵迎春.国际化背景下职业院校专业教师双语能力评价指标体系[J].湖南工程学院学报（社会科学版）,2023,33（3）：95-101.

[42] 赵迎春.国际化背景下高职专业教师双语能力培养研究[J].长沙航空职业技术学院学报,2023,23（3）：31-34.

[43] 赵迎春.数字化赋能职业教育国际化发展新生态[J].神州学人,2023（6）：16-19.

[44] 赵迎春.湖南高职院校服务国家"一带一路"倡议的国际化发展策略研究[J].黑龙江教师发展学院学报,2023,42（5）：91-93.

[45] 赵迎春."双高计划"背景下湖南高职院校国际化发展的机遇及挑战[J].神州学人,2023（5）：20-26.

[46] 张慧波.职业教育国际影响力与全球话语权的持续提升：2024年职业教育国际化研究与实践新进展[J].中国职业技术教育,2025（2）：49-54.

[47] 郑亚莉,刘仿强,魏吉."双高计划"背景下高职院校国际化水平提升的路径研究[J].职教论坛,2020,36（10）：130-135.

[48] 周丙洋,王子龙."双高计划"背景下高职院校创新发展的内涵重构与战略抉择[J].高校教育管理,2020,14（3）：30-40.

[49] 周旺,方绪军,杨清.共建"一带一路"背景下职业教育国际化的现实挑战与推进路径[J].教育与职业,2024（19）：37-42.

[50] 周银燕.云南省高校国际化水平评价指标体系的构建研究[D].昆明：云南大学,2017.

[51] 宗诚.教育强国背景下职业教育国际化：价值意蕴、实践样态与路径规划[J].职教论坛,2024,40（5）：13-19.

后 记

本专著是在长沙航空职业技术学院国家及湖南省高水平专业群——飞行器维修专业群建设项目，以及飞行器维修技术专业中外合作办学项目的大力支持下完成的。通过理论与实践相结合的研究路径，旨在探索国际化背景下职业教育的创新与发展模式。

在理论层面，长沙航空职业技术学院的国际化项目聚焦于教育理念创新、教学方法改革及国际交流与合作机制构建。学院积极引入国际先进教育理念与教学资源，推动教育教学改革，提升教学质量。同时，学院与中国航空技术进出口总公司、山河智能装备股份有限公司等知名企业及机构深度合作，共同开展科研与人才培养项目，显著提升了学院的国际影响力。

在实践层面，学院的国际化项目致力于提升师生的国际视野与跨文化交流能力。通过"专英互研"、海外交流、国际化企业顶岗锻炼、专业机构双语培训及参加国际学术研讨会等多种方式，学院对国际化师资队伍进行了系统建设。同时，通过组织学生参与国际交流项目等活动，为学生创造了更多接触国际前沿科技与文化的机会。此外，学院还与企业紧密合作，共同培养具有国际竞争力的专业人才，以满足国家航空领域对高素质人才的迫切需求。

在理论与实践的双重探索中，本项目取得了丰硕的成果，如表1～表5所示。

表1 相关科研项目阶段性理论成果

研究人员	名 称	来 源	级别及研究时间	备注
赵迎春 主持	低空经济背景下产教融合推动职业教育国际化标准建设的区域实践研究	全国航空工业职业教育教学指导委员会课题（专项课题12）	市厅级 2025—2027年	在研
	"金师"建设背景下职业教育国际化师资全球胜任力培养研究（XH2024589）	湖南职业教育与成人教育学会课题	市厅级 2024—2026年	在研
	中国职业教育国际化品牌建设研究（24C1366）	湖南省教育厅科学研究项目	市厅级 2024—2026年	在研

研究人员	名　称	来　源	级别及研究时间	备注
赵迎春 主持	数字化赋能职业教育国际化发展研究 （XJKX24A023）	湖南省教育科学工作者协会"十四五"规划重点课题	市厅级 2024—2025 年	结项
	高质量视域下湖南职业教育国际化发展研究 （XSP2023WXC053）	湖南省社科成果评审委课题	省级 2023—2024 年	结项
	湖南高职院校服务国家"一带一路"倡议的国际化发展研究（XJK22CBJ001）	湖南省教育科学"十四五"规划课题	省级 2022—2024 年	结项
	国际化背景下高职专业教师"双语双能、双核驱动"培养路径研究与实践（ZJGB2021284）	湖南省职业院校教育教学改革研究项目	省级 2021—2023 年	结项
	"双高计划"背景下湖南高职院校国际化水平提升路径研究（21C1575）	湖南省教育厅科学研究项目	市厅级 2021—2023 年	结项
赵迎春 主要参与	教育国际化视角下中华民族共同体概念在英语世界传播与接受研究（XSP25YBC373）	湖南省社科成果评审委课题	省级 2024—2026 年	在研
	职业教育国际化数字化发展研究（XJK24CBJ）	湖南省教育科学"十四五"规划	省级 2024—2026 年	在研

表2　职业教育国际化资源英语及双语教材（阶段性成果）

年度	作者	教材名称	出版社
2019 年	赵迎春	《飞机维修专业英语——飞机系统》 （入选职业教育"十三五"国家规划教材）	中国水利水电出版社
2018 年	赵迎春	《飞机维修专业英语教程——飞机主要结构与部件》	
2022 年	赵迎春	《飞机维修专业英语——飞机系统》（第2版） （入选职业教育"十四五"国家规划教材，省级优质教材）	
2022 年	赵迎春	《航空维修技术英语》	
2024 年	赵迎春	《飞机维修专业英语教程——飞机主要结构与部件》（第2版）	
2021 年	赵迎春	双语教材《飞机复合材料结构修理》 （入选职业教育"十四五"国家规划教材，省级优质教材）	航空工业出版社
2021 年	赵迎春	双语教材《民航飞机手册应用与查询》 （入选职业教育"十四五"国家规划教材，省级优质教材）	中国水利水电出版社

表3　职业教育教学成果奖（阶段性成果）

负责人	名称	等级	级别
赵迎春 主持	课岗对接双核驱动：航空类《专业英语》课程改革与实践	2021 年湖南省职业教育教学成果一等奖	省级

负责人	名称	等级	级别
赵迎春 主持	基于国际化战略的航空特色《专业英语》课程改革探索与实践	2020 年航指委教学成果三等奖	市厅级
赵迎春 主持	国际化战略下航空维修《专业英语》课程改革与探索与实践	2020 年院级教学成果三等奖	院级
赵迎春 主持	国际化背景下高职航空类学生职业英语素养"一二三三"培养体系创新与实践	2024 年院级教学成果三等奖	院级
赵迎春 参与	航空机务维修专业"基础+行业+专业"大英语课程改革与实践	2018 年湖南省职业教育教学成果三等奖	省级

表 4　论文成果

序号	作者	论文名称	时间	发表刊物
1	赵迎春	数字化赋能职业教育国际化发展研究	2025 年 6 月	长沙航空职业技术学院学报
2		具有国际影响力的职业教育教学资源建设研究	2024 年 9 月	长沙航空职业技术学院学报
3		双高建设背景下职业教育国际化数字资源建设路径研究	2025 年 12 月	黑龙江教师发展学院学报
4		以职教资源国际化建设推动职教"出海"	2024 年 12 月	神州学人
5		提升职业教育国际影响力的内在之"道"	2024 年 11 月	神州学人
6		走内涵的职业教育国际化发展之路	2024 年 4 月	神州学人
7		"双高计划"背景下湖南高职院校国际化水平提升路径研究	2024 年 1 月	黑龙江教师发展学院学报
8		职业教育国际化高质量发展：现实之难与破解之道	2023 年 11 月	山西青年
9		"一带一路"职教行动的湖南样本	2023 年 10 月	神州学人
10		国际化背景下职业院校专业教师双语能力评价指标体系	2023 年 9 月	湖南工程学院学报
11		国际化背景下高职专业教师双语能力培养研究	2023 年 9 月	长沙航空职业技术学院学报
12		数字化赋能职业教育国际化发展新生态	2023 年 6 月	神州学人
13		湖南高职院校服务国家"一带一路"倡议的国际化发展策略研究	2023 年 5 月	黑龙江教师发展学院学报
14		湖南高职院校国际化发展的机遇与挑战	2023 年 5 月	神州学人
15		高职飞机维修类课程 ESA 模式双语教学的研究	2017 年 3 月	职教通讯
16		基于职业能力高职航空维修人才机务英语能力培养研究	2013 年 12 月	长沙航空职业技术学院学报

表5　国际化项目实践成果

序号	时间	名称	单位
1	2023—2025 年	教育部"具有国际影响力的职业教育标准"——飞行器维修技术专业标准	现代职业教育体系建设改革重点任务认定（建设）项目
2	2023—2025 年	具有较高国际化水平的职业学校	现代职业教育体系建设改革重点任务认定（建设）项目
3	2023—2025 年	具有国际影响力的职业教育教学资源、装备	现代职业教育体系建设改革重点任务认定（建设）项目
4	2023—2025 年	具有国际影响力的职业教育资源——飞行器维修技术专业教学资源	现代职业教育体系建设改革重点任务认定（建设）项目

　　长沙航空职业技术学院国际化项目在理论与实践层面均取得了显著成果，有力推动了学院的国际化发展。未来，学院将持续深化国际交流与合作，推进国际化项目，培养更多具备国际视野和跨文化交流能力的高素质人才。

　　本专著的撰写得到了长沙航空职业技术学院的大力支持，特别是国际交流中心全体同仁的无私协助。在此，再次向他们表示衷心的感谢！同时，也感谢所有关心和支持本项目的研究人员、合作伙伴，以及每一位为学院国际化发展作出贡献的师生。

　　因作者学术视野有限，书中可能存在疏漏，恳请读者批评指正。

赵迎春
2025 年 3 月